KB109494

논어에 반하다

논어에 반하다

초판 1쇄 인쇄 | 2018년 10월 30일
초판 1쇄 발행 | 2018년 11월 06일

지은이 | 김 석
펴낸이 | 박영욱
펴낸곳 | 북오션

편 집 | 허현자
마케팅 | 최석진
디자인 | 서정희 · 민영선

주 소 | 서울시 마포구 월드컵로 14길 62
이메일 | bookocean@naver.com
네이버포스트 | m.post.naver.com('북오션' 검색)
전 화 | 편집문의: 02-325-9172   영업문의: 02-322-6709
팩 스 | 02-3143-3964

출판신고번호 | 제313-2007-000197호

ISBN 978-89-6799-428-0 (03140)

이 도서의 국립중앙도서관 출판예정도서목록(CIP)은 서지정보유통지원시스템
홈페이지(http://seoji.nl.go.kr)와 국가자료공동목록시스템
(http://www.nl.go.kr/kolisnet)에서 이용하실 수 있습니다.
(CIP제어번호: CIP2018032122)

한 법조인의
행복한
논어 읽기

논어에 반하다

김석 지음

나는 왜 지천명에
공자에 열광하는가?

북오션
콘텐츠그룹

공자孔子가 살던 시대는 오늘의 인류에게 보편화된 생존방식, 이른바 사회적 삶(social life)의 원형이 형성된 시기입니다. 오랜 씨족공동체가 해체되고 점차 국가와 개인이 그 자리를 대체하였으며, 도시가 등장하고 낯선 타인들과의 공존이 본격화되었습니다. 그에 따라 새로운 철학과 가치관의 정립이 요구되었습니다.

톨스토이의 말을 빌리자면 그때로부터 인류는 겨우 반걸음 더 나간 것에 불과합니다. 수많은 현상의 변화에도 불구하고 본질은 크게 바뀌지 않았습니다. 거의 동시대에 등장한 소크라테스, 공자, 부처의 영향력이 현재까지 지속되고 인류가 그 거인들의 그늘에서 벗어나지 못하는 이유도 그 때문입니다. 당시의 문제의식은 지금도 유효하고, 그때의 삶도 현재진행형입니다.

특히 공자는 인간의 사회적 윤리에 천착한 사람입니다. 다른 성인들이 영적인 구원이나 피안彼岸의 세계를 열어 보일 때 그는 철저히 현실에서의 인간의 행복을 추구하였습니다. 개인의 완성과 사회의 개선을 끊임없이 시도하였고, 참된 인간의 길을 찾고, 그 진리를 실천하였습니다. 따라서 인간이 사회적 삶, 현세現世에서의 평화로운 공존을 포기하지 않는 한 공자의 고민은 바로 우리의 고민이 될 수밖에 없습니다.

검색이 사색을 대신하고, 알파고와 사물인터넷, 4차 산업혁명으로 대변되는 이 급격한 변화와 속도의 시대에 새삼 공자를 들여다보는 이유가 여기에 있습니다. '나는 누구이고, 어떻게 살아야 하는가' 하는 질문이 인문학의 영원한 주제라면 그 해답의 하나가 공자의 삶 속에 있습니다. 때문에 누군가 아직도 공자타령이냐고, 2,500년 전에 살았던 사람과 그의 생각이 오늘의 우리에게 도대체 무슨 의미가 있느냐고 묻는다면, 이렇게 되묻지 않을 수 없습니다.

그대는 공자에 대해서 무엇을 알고 있는가?
그리고 그대가 알고 있는 공자 중에서 어디까지가 진실인가?
지난 수천 년 동안 공자와 그의 현신現身과도 같은 《논어》가 우리의 삶과 문화를 지배하고, 영혼을 뒤흔들어 놓은 것이 정녕 우연인가?

상동에서
김 석

| 목차 |

팔진미八珍味(여덟 가지 진귀한 음식)가 훌륭한 음식이고 제호醍醐(발효우유)가
뛰어난 맛이라고 하지만 항상 먹을 수 있고 물리지 않는 오곡五穀만 못하지.
하물며 오곡이 아니면 목숨을 보존할 수도 없지 않느냐. … 도道에 있어
《논어》는 바로 음식 가운데 좋은 곡식과 같지. 온 세상에 펼쳐 놓아도 법도가
되고 만세에 전하여도 폐단이 없단다. 사람들이 이를 모른다는 게 걱정스러울
뿐이구나.

《동자문童子問》

논어 스스로
말하고 싶은 것

마구간의 불

《논어》〈향당 편〉에 있는 구절입니다. 공자의 인본주의적 태도를 잘 보여주는 장면으로 꼽힙니다.

춘추시대 당시 말은 유일한 교통수단이자 전쟁수단이었습니다. 대부大夫 이상의 지배층은 말이 끄는 수레를 타고 다녔고, 전쟁도 주로 말이 끄는 전차(乘)로 하던 시대였습니다. 당연히 매우 귀한 동물이었습니다.

그럼에도 공자는 말에 대해서는 일언반구하지 않았습니다. 동물보다는 인간이, 재물보다는 사람의 생명, 안위가 중요하다는 뜻이겠지요. 통상적인 해석도 그와 다르지 않습니다.

그런데 공자를 절대 성인으로 추앙하는 일부 사람들에게는 불만족스러웠던 모양입니다. '똑같은 생명을 가진 존재인데 설마 성인인 공자께서 사람의 안위에 대해서만 물었을 리가 없다'는 것이지요. 그래서 이렇게 달리 해석합니다.

마구간에 불이 났다. 공자가 조정에서 퇴근하여 말하기를 "다친 사람은 없느냐"하시고, "없다"고 하자 말(馬)에 대해서 물었다.

원문은 '傷人乎不問馬상인호불문마'입니다. 따라서 '상인호∨불문마'를 '상인호∨불∨문마'로 띄어 읽으면 전혀 불가능한 해석은 아닙니다. 그러나 왠지 어색하고 인위적이지요. 물론 원문은 띄어쓰기가 되어 있지 않고 마침표나 쉼표도 없습니다.

그래서 다시 이를 반박하는 사람이 등장하는데, 그는 또 이렇게 말합니다.

'상인호∨불∨문마'로 읽으려면 불不이 아니라 부否자가 들어가야 한다. 따라서 본래의 해석이 맞다. 다만 급한 대로 먼저 사람의 안위를 물었던 것이고, 말에 대해서는 차차 보고를 받을 것이기에 따로 묻지 않았을 뿐이다.'

하나의 에피소드를 두고서도 이렇게 서로 다른 공자가 등장합니다. 사람에 대해서만 묻고 말에 대해서는 함구한 공자와 인간과 말을 아울러 염려한 공자. 인본주의자 공자와 생명론자 공자가 선후를 다툽니다.

《논어》속 공자를 찾아 떠나는 여정이 결코 간단치 않다는 것을 시사해주는 대목입니다.

여러 이유가 있을 것입니다. 앞서 본 것처럼 후세들에 의해 '인간 공자'는 '성인 공자'로, '있는 그대로의 공자'는 '있어야 할 공자'로 점차 바뀌었습니다. 오랜 세월에 걸친 우상화, 신격화의 결과로 현실에 발을 딛고 있던 실제 공자의 모습을 찾기 어려워진 겁니다. 《논어》의 왜곡은 대부분 그 때문에 발생합니다.

게다가 공자는 한 마디로 정의하기 어려운 인물입니다. 정치인, 사상가, 교육자, 예술가, 역사가, 저술가의 다양한 삶을 살았습니다. 이상주의자인지 현실주의자인지, 진보주의자인지 보수주의자인지 단언하기 어렵습니다. 유학의 창시자이지만 도가로서의 면모도 보입니다. 맹자의 얼굴인가 하면 순자, 장자의 얼굴도 하고 있습니다. 어쩌면 이런 상반된 모습을 아울러 가지고 있으면서 그것을 넘어선 더 큰 존재가 공자인지도 모릅니다. 마치 하늘과 땅이 분리되기 전의 거대한 혼돈과 같은 존재. 수많은 지류로 나뉘기 전의 원천源泉과 같은 존재!

제자인 안회와 자공은 공자에 대해 이렇게 찬탄하기도 하였습니다.

"우러러 볼수록 더욱 높고 뚫고 들어갈수록 더욱 단단하고 바라보면 앞에 계신 것 같은데 어느새 뒤에 서 계시다. 〈자한편〉"

"저의 담장은 어깨 정도여서 집안의 좋은 것들을 다 들여다 볼 수 있지만, 선생님의 담장은 몇 길이나 되어서 문을 찾아 그 안에 들어가 보지 않고서는 종묘의 아름다움과 백관의 부유함을 볼 수 없다. 〈자장편〉"

따라서 우리가 본 공자는 실은 '앞에 있는 공자' 아니면 '뒤에 있는 공자'일지 모릅니다. 공자라는 문을 활짝 열고 들어가 그 속의 아름다움과 풍요를 본 사람도 더러 있겠지만, 대개는 살짝 문만 열어보거나 아예 문을 찾지 못하고 그저 담장 밖을 서성이고 있는지도 모릅니다. 사람에 따라 전혀 다른 공자가 등장하는 이유입니다.

맹무백이
효에 대해서 물었다

《논어》는 최초에 종이가 아니라 대나무를 엮어 만든 죽간이나 목간에 기록된 책입니다. 장황한 서술보다는 간명하고 함축적으로 기록할 필요가 있었습니다. 어쩌면 '핵심 있는 말은 본래 번잡하지 않은 것(要言不煩_{요언불번})'인지도 모릅니다. 《논어》에는 공자의 원형이 비교적 상세히 보존되어 있는데, 문제는 표현이 너무 간략하다 보니 여러 가지 해석이 나올 수밖에 없다는 것입니다.

〈위정 편〉에 다음과 같은 문답이 있습니다.

맹무백이 효에 대해서 물어보자, 공자가 말씀하였다. "부모는 오직 그 질병을 걱정할 뿐이다."

원문은 '父母唯其疾之憂^{부모유기질지우}'입니다. 특별히 어려운 한자는 없습니다. 그런데 '기질^{其疾}' 즉 '그 질병'이 과연 누구의 질병인지 명확하지 않고, 그에 따라 해석이 달라집니다.

'부모의 질병'이라면 효도란 '부모가 질병에 걸리지 않도록 잘 부양하고 보살피는 것'이 될 것이고, '자식의 질병'이라면 '자녀가 본인의 신체발부를 잘 보존하고 아프지 않는 것'이 효도가 될 것입니다.

그런데 후자로 해석할 경우 '단지 제 몸 하나 아프지 않는 것이 진정한 효도인가? 공자님이 설마 그런 평범한 말씀을 하셨겠는가?' 하는 의문이 생깁니다. 자녀가 자신의 신체발부를 잘 보존하는 것은 효의 시작이나 전제조건은 될망정 그 자체를 효의 본질이라고 할 수는 없기 때문입니다. 그래서 다음과 같이 해석하는 사람이 생겨납니다.

'자녀의 다른 모든 점은 나무랄 데 없이 훌륭하다. 다만 건강만은 자식이 마음대로 할 수 없는 것이기에 부모는 늘 그 점을 걱정한다. 부모가 자식의 건강 외에는 아무런 걱정이 없는 상태야말로 진정한 효도다.'

송대의 유학자 주희는 두 번째와 세 번째 해석이 일맥상통한다고 보았습니다. 과연 '기질^{其疾}'은 '부모의 질병'일까요, '자식의 질병'일까요? 공자는 맹무백에게 어떤 뜻으로 효를 말한 것일까요?

군주가 군주다워야

예를 하나 더 들겠습니다. 〈안연 편〉에는 누구나 한 번쯤 들어 보았을 다음과 같은 구절이 등장합니다.

제 경공이 정치에 대해서 묻자, 공자가 말씀하였다. "임금은 임금다워야 하고, 신하는 신하다워야 하고, 아버지는 아버지다 워야 하고, 자식은 자식다워야 합니다."

그 유명한 '君君臣臣父父子子·군군신신부부자자'입니다. 그런데 원문이 동어 반복의 간단한 문장인데다 공자의 정치적 성향을 어떻게 보 느냐에 따라 그 해석이 달라집니다.

첫째는 이를 '존재 명제'로 해석하는 것입니다. 글자 그대로 '임금은 임금이고, 신하는 신하고, 아비는 아비고, 자식은 자식이다'로 읽는 것인데, 이는 '위계적 신분질서 그 자체를 강조하고 이를 공고히 하는 것이 정치'라는 뜻이 됩니다.

둘째는 앞의 일반적 해석처럼 '당위 명제'로 읽는 것입니다. '임금은 임금답게, 신하는 신하답게, 각자 맡은 바 직분을 다하(도록 하)는 것이 (좋은) 정치'라는 것입니다.

셋째는 '조건 명제'로 보는 것입니다. '임금이 임금다워야 신하가 신하다워지고, 아비가 아비다워야 자식이 자식다워진다'는 것입니다. 윗물이 맑아야 아랫물이 맑고, 지배층이 모범을 보여야 좋은 정치가 이루어진다는 솔선수범의 논리, 노블레스 오블리주를 강조하는 해석입니다.

넷째는 '명령 명제'로 이해하는 것입니다. '비록 임금이 임금답지 못해도 신하는 신하다워야 하고, 아비가 아비답지 못해도 자식은 자식다워야 한다'는 것으로, 맹목적으로 충효를 강요하는 그야말로 봉건적인 논리입니다.

이처럼 《논어》의 문장은 매우 압축적이어서 어떻게 읽느냐에 따라 그 뜻이 크게 달라지고 보수적으로도 진보적으로도 해석될 수 있습니다. 당연히 그 말을 한 공자의 얼굴도 완전히 달라지는 것이지요.

그렇다면 제 경공에게 답한 공자의 진심은 무엇이었을까요? 그는 '존재 명제'를 말한 것일까요 '당위 명제'를 말한 것일까요? 우리는 이를 '조건 명제'로 읽어야 할까요, 아니면 '명령 명제'로 읽어야 할까요?

《논어》는 제목 자체에서 알 수 있듯이 공자의 제자들이 각자 기록하여 가지고 있던 공자의 말씀(語)을 나중에 서로 토론(論)하여 편찬한 책입니다. 책 이름을 '공자'라고 짓지 않고 굳이 《논어》라고 지은 것도 그 때문입니다. 〈위영공 편〉에 '자장은 (공자의) 이 말을 자기 띠 자락에다 적어 두었다(子張書諸紳자장서저신)'는 표현이 있는데 이는 《논어》의 원재료가 어떻게 채집되었는지를 암시해주고 있습니다.

문제는 공자에게 수많은 제자가 있었고, 그들은 각각 생각과 처지, 성격과 기호가 달랐으며, 따라서 그들이 스승 공자의 말 중에서 듣고 싶은 것만 듣고 전하고 싶은 말만 전하게 되면 공자의 뜻은 얼마든지 왜곡될 수 있다는 것입니다.

〈이인 편〉에 다음과 같은 장면이 등장합니다.

공자가 말씀하였다.
"삼아! 나의 도는 하나로 관철되어 있다."
증자가 말했다.

"네."

공자께서 밖으로 나가자 문인들이 물었다.

"무슨 뜻입니까?"

증자가 말했다.

"스승님의 도는 충忠과 서恕일 뿐이다."

공자가 한 말은 '나의 도는 하나로 일관한다(吾道一以貫之오도일이
관지)'는 것뿐입니다. 정작 그 도가 무엇인지는 말하지 않았습니다.
공자의 도가 충忠과 서恕라는 것은 증자의 생각이지요. 물론 증자
는 아버지 증석과 함께 대를 이어 공자의 제자가 되었고, 공자의
학통學統을 계승한 사람으로 평가됩니다. 비교적 공자의 뜻을 잘
아는 위치에 있었다고 할 수 있습니다.

그러나 증자가 곧 공자 자신은 아닌 만큼 공자의 생각과 반드
시 같다고 할 수는 없습니다. 공자는 증자를 일컬어 '노둔하다(參
也魯삼야노 〈선진 편〉)'고 평하기도 하였습니다. 여기서 '노둔하다'는
것이 단순히 '어리석다'는 의미는 아닐 것입니다. 공자는 제자 자
고(고시)를 평하면서 이미 '어리석다(愚우)'는 말을 한 바 있으며,
따라서 '노둔하다'는 것은 '우직하다'는 뜻에 가깝고, 그렇게 보는
것이 증자라는 인물에 더 부합합니다.

더 큰 문제는 공자는 분명 하나의 도를 말했는데 증자는 충과
서, 둘을 이야기하고 있다는 것입니다. 설마 증자가 하나와 둘도

구분 못하는 사람은 아닐 텐데 말입니다. 당연히 의문이 생기지 않을 수 없습니다. 그래서 이런 해석을 하는 사람이 나타납니다.

'공자님도 하나를 말했고, 증자도 하나를 말했다. 공자의 도는 서 하나이고, 충은 서를 수식하는 말이다. 서에 충실하다는 뜻이다.'

아마도 그는 〈위영공 편〉의 다음과 같은 문답을 염두에 두었을지도 모릅니다.

> 자공이 물었다.
> "한마디로 평생토록 행할 만한 것이 있습니까?"
> 공자가 말씀하였다.
> "그것은 서恕일 것이다. 자기가 바라지 않는 것은 남에게도 하지 말라. 其恕乎 己所不欲 勿施於人기서호 기소불욕 물시어인"

자, 공자의 도는 하나일까요, 두 개일까요? 또 그 도는 무엇일까요?

이적과 제하

　공자의 제자들이 중국에만 있었던 것은 아닙니다. 중국의 정치·군사적 영향력과 함께 공자가 창시한 유학은 한국, 일본, 베트남 등 동아시아 각국에 깊은 영향을 미쳤습니다.

　당연히 이들 지역에서도 공자를 스승으로 모시고 《논어》를 암송하는 자발적 제자들이 대를 이어 수없이 등장했습니다. 약 4세기경 백제의 왕인 박사가 일본에 문화를 전할 때 천자문과 《논어》를 들고 갔다는 이야기도 있고, 신라의 설총이 《논어》(구경九經)를 토착어로 번역하여 읽었다는 이야기도 있습니다. 퇴계 이황, 율곡 이이, 성호 이익 등 내로라하는 우리의 학자들 역시 《논어》에 관해 저술하였고, 다산 정약용은 《논어고금주》라는 방대한 저작을 남기기도 하였습니다.

또한 동양뿐만이 아닙니다. 서양의 선교사나 천주교 신부를 통해《논어》는 유럽에 전파되었고, 미국의 소로나 러시아의 톨스토이 같은 사람도《논어》로부터 지대한 영향을 받았습니다. 톨스토이는《논어》를 읽고 나서 '나는 그의 발밑에도 미치지 못한다'고 밝히기도 하였습니다.

말하자면 공자에게는 중국(제하諸夏)의 제자뿐 아니라, 주변국(이적夷狄)의 제자가 공존한 셈인데, 각기 역사와 문화, 국적을 달리하는 이들 제자들이 서로 다른 해석을 하는 것은 어쩌면 당연한 일입니다. 〈팔일 편〉에 다음과 같은 공자의 말이 있습니다.

"이적에게 임금이 있는 것은 중국에 (임금이) 없는 것만 못하다. 夷狄之有君 不如諸夏之亡也이적지유군 불여제하지망야"

이적(주변국)들이 아무리 나라의 틀을 갖추고 질서 있고 평화롭게 살고 있다고 하더라도 중국의 무질서와 혼란만도 못하다는 말입니다.

세계의 중심에 중국이 있고, 그 사방에 미개민족이 있으며, 이들 주변민족들은 오로지 복속과 교화의 대상이라는 인식, 이른바 중화사상은 이미 춘추·전국시대부터 형성되었습니다. 동이, 서융, 남만, 북적이라는 말 자체가 이런 의식을 반영한 것인데, 방위를 뜻하는 동, 서, 남, 북을 제외한 이, 융, 만, 적의 뜻은 모두 '오랑캐'입니다. 중국을 제외한 주변국은 그저 동쪽 오랑캐, 서쪽 오랑캐, 남쪽 오랑캐, 북쪽 오랑캐일 뿐인 것입니다. 이러한 세계관에 익숙한 중국의 제자들에게 앞의 통상적 풀이는 전혀 이상할 것이 없습니다.

그러나 그가 동이의 제자이거나 남만의 제자라면 사정이 달라집니다. 앞의 일반적 해석에 선뜻 동의할 수가 없는 것입니다.

'천하의 공자님께서 중화우월주의, 선민주의를 주창하지는 않았을 것이다.'

'여기서 불여不如는 '못하다'가 아니라 '같지 않다'로 해석해야 한다.'

'이적에게 임금이 있는 것과 중국에 임금이 없는 것은 같지 않다는 뜻이다.'

'이적에게도 군주가 있는데 하물며 중국에 군주가 없다며 공자께서 춘추 당시의 혼란과 무질서를 한탄하신 것이다.'

이렇게 달리 해석합니다. 공자님은 대체 무슨 뜻으로 이적과 제하를 말씀하신 걸까요?

엄숙주의

공자도 역시 사람입니다. 특히 공자는 매우 높은 수준의 교양과 지혜를 갖춘 인물이고 그런 사람일수록 적절한 유머와 반어법을 잘 구사합니다. 《논어》의 몇 몇 장면은 확실히 농담이나 역설로 읽을 때 그 뜻이 확연해지고 공자의 진면모가 드러납니다.

그러나 성인은 밥도 먹지 않고 잠도 자지 않는다고 생각하는 '엄숙주의자'들은 농담이나 풍자를 그 자체로 받아들이지 못하고 거기서 무슨 심오한 뜻을 찾겠다고 구구한 해석을 합니다. 그러다 보니 해석이 꼬이고 본래의 뜻과 전혀 다른 말이 되고 맙니다. 〈자한 편〉에 다음과 같은 말이 있습니다.

달항당 사람이 말했다.

"위대하도다, 공자여! 박학하였으나 이름을 이룬 바가 없구나. 大哉孔子博學而無所成名대재공자 박학이무소성명"

공자가 이 말을 듣고 제자들에게 말씀하였다.

"나는 무엇에 전념할까? 수레몰이를 할까? 활쏘기를 할까? 수레몰이나 해야겠다."

주희, 정현과 같은 사람들이 바로 그 근엄한 주석가들입니다. 그들은 이렇게 풀이합니다.

'달항당 사람이 공자님을 찬미한 것이다. 공자님은 육예(예,악, 사,어,서,수)에 두루 통달해 어느 한 분야의 전문가로 칭할 수 없다는 의미다. 그러면서도 가장 하층에 속하는 마부를 택하셨으니 겸양까지 갖추셨다.'

그러나 이렇게 해석하면 말뜻이 매끄럽지 못할 뿐 아니라 달항당 사람과 공자의 말이 서로 따로 놀게 됩니다. 당연히 그 말을 한 공자의 인격, 태도도 잘 드러나지 않습니다.

사실은 달항당 사람이 공자를 한껏 조롱한 것입니다. '공자님은 참 대단해, 아는 것은 많은 것 같은데 제대로 할 줄 아는 것은 없네' 하고 비아냥거린 것입니다. 그러자 그 말을 전해들은 공자가 제자들에게 말합니다.

'애들아, 나보고 전문성이 없다는 구나. 그렇다면 나는 무엇을 전공할까? 수레몰이를 할까? 활쏘기를 할까? 그래 수레몰이나 하자.'

세간의 평판이나 조롱에 개의치 않고, 오히려 이를 농담의 소재로 삼은 공자의 자기 확신, 여유, 기개를 느낄 수 있습니다. 맹자의 표현에 따르면 '옳고 바른 길을 가는(配義與道배의여도) 자의 당당함', '호연지기浩然之氣' 마저 느끼게 하는 말씀입니다.

어진 사람 대하기를

표의문자인 한자^{漢字}는 하나의 글자가 여러 가지 뜻으로 쓰이고, 경우에 따라 발음마저 달라집니다. 현재형과 과거형, 능동형과 수동형의 구분이 불명료하고 동사로 사용된 것인지 명사나 형용사로 사용된 것인지 확실치 않은 경우도 많습니다. 이런 한자의 특성으로 인해 해석에 어려움이 생기기도 합니다.

제자 자하가 효^孝에 대해서 묻자 공자는 단 두 글자로 〈위정편〉에서 대답합니다. '색난^{色難}!'

무슨 말인지 언뜻 감이 오지 않습니다. 문장이 극히 짧은 데다 색^色이라는 말이 다양한 의미를 갖고 있기 때문입니다. 색은 색깔을 의미할 뿐 아니라 얼굴빛, 모양·상태, 미인, 정욕 등 다양한 뜻으로 쓰입니다.

그렇다면 색난의 색은 그중 무슨 뜻일까요? 그렇습니다. 얼굴 빛, 안색입니다. 따라서 직역하면 '안색이 어렵다'는 말이 됩니다. 그런데 '안색이 어렵다'는 말은 또 무슨 뜻일까요? 그 '안색'이 누구의 안색이냐를 먼저 구분해봅시다. '부모의 안색'이라면 '부모의 안색(기색)을 잘 살펴 봉양하기가 어렵다'는 뜻이 될 것이고, '자식의 안색'이라면 '항상 부드럽고 공경하는 얼굴로 부모를 봉양하기가 어렵다'는 뜻이 될 것입니다.

두 가지를 모두 포함한다면 '색난'이란 결국 '부모의 안색을 잘 살펴서 항상 부드럽고 공경하는 낯빛으로 봉양하기는 실로 어려운데, 그렇게 하는 것이 바로 효'라는 말이 됩니다. 물질적으로 잘 부양하는 것만이 아니라 부모의 마음을 잘 살피고 공경하는 마음을 가지라는 말입니다. 그토록 많은 의미를 단 두 글자에 담았으니, 해석이 쉬울 리가 없습니다.

역易이라는 글자도 한 번 보겠습니다. 이 글자는 '바꾸다·고치다'라는 뜻의 동사로 사용되는가 하면 '점'이나 '점쟁이'를 뜻하는 명사로도 사용되며, '쉽다·편안하다·경시하다'는 뜻으로 쓰일 때는 '역'이 아니라 아예 '이'로 발음합니다. 당연히 이런 글자들이 조합되면 더욱 여러 갈래의 해석이 등장하겠지요.

〈학이 편〉에 실제로 이런 말이 등장합니다.

'賢賢易色^{현현역색}!'

역시 자하가 한 말인데 그 전문은 '어진 사람 대하기를 미인 좋아하듯 하고, 부모를 섬김에 그 힘을 다하며, 임금을 섬김에 그 몸을 바치고, 벗들과 사귐에 말에 신의가 있으면 비록 배우지 않았다 하더라도 나는 필히 배운 사람이라 하겠다'입니다.

여기서 현현역색은 보통 '어진 사람 대하기를 미인 좋아하듯이 한다(미인과 바꾼다)'로 해석됩니다. 그런가 하면 '어진 사람 대할 때는 (공경하는 마음으로) 안색을 바꾼다'로 새기기도 하고, 더러는 '어진 사람을 존경하고 여색을 가벼이 여긴다'로 매우 도덕적으로 풀이하기도 합니다. '색'이라는 말이 '미인'이 아니라 '안색'으로 바뀌는가 하면 '바꿀 역'을 '쉬울 이'로 읽기도 하는 것입니다.

의미 없는 논쟁들

《논어》는 총 20편, 약 500장으로 이루어져 있는데 거의 전 편, 전 장이 이처럼 서로 다른 해석이 공존합니다. 첫 편 첫 장에 나오는 '學而時習之학이시습지'의 '時'의 의미부터 '때로', '때때로'로 해석하는가 하면 '수시로'로 해석하기도 하고, '제 때에', '때 맞춰'로 풀이하기도 합니다. 공자의 참뜻을 규명하기 위한 노력들이지만 불필요하게 논의가 복잡해지고 공리공담으로 치닫는 경우도 적지 않습니다. 〈이인 편〉에 다음과 같은 공자의 말이 등장합니다.

"이익에 따라 행동하면 원망이 많아진다. 放於利而行 多怨방어리이행 다원"

특별히 문제 될 것이 없는 구절입니다. 그런데 후학들은 여기에 만족하지 못하고 사족을 답니다. '다원多怨'의 뜻과 관련해 '그 원망이 수동형이냐 능동형이냐, 남으로부터 원망을 많이 받게 된다는 것이냐, 아니면 스스로 원망을 많이 하게 된다는 것이냐' 따지는 것입니다. 사실 공자가 하고 싶은 말은 '제 잇속만 생각하지 말고 의義에 따라 행동하라'는 것입니다. 또 실제로 너무 자기 이익에 따라서 행동하면 남으로부터 원망을 많이 듣게 될 뿐 아니라 스스로도 남을 원망하는 마음이 생겨날 것입니다.

〈위정 편〉에 나오는 다음 문장도 마찬가지입니다.

"시 300편을 한마디로 말하면 생각에 사악함이 없다는 것이다. (詩三百 一言以蔽之日 思無邪시삼백 일언이폐지왈 사무사)"

《시경詩經》에 수록된 300여 편의 시에 대한 공자의 생각입니다. 그런데 '사악함이 없는 주체가 과연 누구인가'를 가지고 다시 논쟁을 합니다. '시를 지은 사람의 마음에 사특함이 없다'고 해석하는 사람도 있고, '시를 읽(듣)는 사람의 마음이 바르게 된다'고 해석하는 사람도 있습니다. 한 쪽은 저자 중심, 다른 쪽은 독자 중심입니다. 그런데 지은이의 마음이 바르면 읽(듣)는 사람도 바르게 정화되기 때문에 서로 원인과 결과, 작용과 반작용, 본체와 거울의 관계에 있고 결국 그 말이 그 말입니다. 굳이 구구한 해석을 추가할 필요가 없습니다. 우리가 진정 공자로부터 발견하고 배워야 할 것들은 따로 있기 때문입니다.

안자가 조회에 나가 경공에게 보고하며 물었다.
"조정의 분위기를 엄하게 하십니까?"
그러자 경공이 되물었다.
"조정의 분위기가 엄하면 국가를 다스리는 데 무슨 해로움이 있습니까?"
이에 안자가 다음과 같이 설명하였다.
"조정이 엄하면 아랫사람은 말을 하지 않게 되지요. 아랫사람이 말을 안
하면 윗사람은 들을 수가 없습니다. 아랫사람이 말을 하지 않는 것, 저는
이를 벙어리라고 부르고, 윗사람이 듣지 못하는 것, 저는 이를 귀머거리라
부르고 싶습니다. 귀머거리와 벙어리뿐이라면 나라를 다스리는 데 해가 되지
않겠습니까?"

《안자춘추》

2장

말, 열려 있는
텍스트가 되다

다독多讀, 다상량多商量

《논어》 공부에 특별한 비법이나 왕도가 있는 것은 아닙니다. 《논어》도 결국 아는 만큼 보이고, 따라서 공자의 진실에 더 접근하기 위해서는 많이 읽고, 많이 생각하는 수밖에 없습니다.

《논어》 외에 《맹자》·《순자》·《한비자》·《묵자》·《노자》·《장자》와 같은 제자백가의 여러 책들, 공자의 생애와 사상에 관한 저작들, 논어주석서들, 춘추·전국시대의 역사서들을 두루 참고할 필요가 있습니다. 그중 《맹자》는 최초의 논어주석서라 할 수 있고, 아예 《논어》와 《맹자》는 함께 놓고 읽어야 한다는 사람도 있습니다.

독서에 그치지 않고 끊임없이 질문하고 이리 저리 궁리하는 것도 필요합니다. 단편적인 지식이 체계화되고 자기화되는 것은 이런 사색의 과정을 통해서입니다. 공부와 사색의 관계에 관해 공자는 일찍이 이렇게 설파한 바 있습니다.

"배우기만 하고 생각하지 않으면 어둡고, 생각만 하고 배우지 않으면 위태롭다. 學而不思則罔 思而不學則殆학이불사즉망 사이불학즉태 〈위정편〉"

더 중요한 것은 많이 듣는 것(多聞다문), 풍부한 인생경험입니다. 경험을 통해 성찰한 내용들이 공자의 말씀과 만났을 때 강렬한 공명이 일어납니다. 《논어》를 읽고 무덤덤한 사람이 있는가 하면 무릎을 치거나 벌떡 일어나 춤을 추는 사람이 있는 것은 평소의 경험과 성찰의 차이 때문입니다.

그러나 말이 좋아 다독, 다상량이지 전문연구자나 마니아층이 아니고는 쉽지 않은 일이고 그럴만한 여력도 부족합니다. 그 많은 저작들이 모두 진실을 담고 있는 것도 아니어서 오히려 수많은 모순된 정보 속에서 길을 잃고 헤맬 수도 있습니다. 공자에 대해 뚜렷한 견해나 일관된 형상形象을 갖지 못한 사람 중에는 공자를 전혀 모르는 사람보다 오히려 조금은 안다고 생각하는 부류가 더 많습니다. 《논어》독법을 고민하게 되는 이유입니다.

텍스트의 이해

《논어》는 짧은 문장, 간단한 대화들로 이루어진 책입니다. 각 편과 장이 독립적이고 분량도 많지 않아서 읽는 데 별 어려움이 없습니다. 그러나 그 뜻이 반드시 명확한 것은 아닙니다. 사람들마다 《논어》를 읽고 느끼는 감흥도 제각각입니다. 왜 그럴까요? 《논어》가 쉬우면서도 어려운 이유는 무엇 때문일까요? 어째서 구구한 해석이 그치지 않고, 동양의 사상사가 '《논어》 주석의 역사'가 된 것일까요? 〈위정 편〉에 다음과 같은 익숙한 말이 나옵니다.

공자가 말씀하였다.
"군자는 그릇이 아니다. 子曰 君子不器자왈 군자불기"

《논어》의 특징이 여실히 나타나 있는 구절입니다. 어려운 한자도 없고, 문장도 짧지만 뜻은 애매모호합니다. 당연히 이런 저런 해석이 뒤따르지 않을 수 없습니다.

그릇이 어떤 물체를 담는 수단이고, 각기 용도가 한정되어 있는 것에 착안해 '군자는 수단이 아니라 목적(주체)이고, 만사에 두루 통하는 전인적全人的 존재'라고 해석하는 사람이 있는가 하면, 그릇이 고정불변의 형태를 갖고 있는 점을 근거로 '군자는 고정되어 변화하지 않는 고루한 존재가 아니다'고 풀이할 수도 있습니다. 어째서 이런 현상이 발생하는 것일까요?

《논어》가 사실은 글이 아니라 말이라는 데 주목할 필요가 있습니다. 《논어》는 공자가 자신의 생각과 사상을 논리정연하게 서술하고 있는 정제된 글이 아닙니다. 공자가 그때 그때 했던 말들을 수록한 것입니다.

말하자면 '말 모음집'이라고 할 수 있는데, 글과 달리 말은 일정한 상황의 산물입니다. 특정한 시간과 장소에서 특정한 사람을 상대로 하는 것이 말입니다. 따라서 말하는 사람뿐 아니라 그 시점, 장소, 환경, 이유, 상대방을 알아야 그 뜻이 보다 분명해집니다.

그런데 《논어》는 위 예에서 보는 바와 같이 말을 한 주체(공자)는 있으나, 그 말을 한 시간, 장소, 상황, 이유, 상대방이 모두 생략되어 있는 경우가 대부분입니다. 그마저도 매우 짧고 선언적입니다. 이처럼 구체적 상황과 동기, 이유에 대한 생략과 여백이 많다 보니 구구한 해석과 억측이 등장하게 된 것입니다.

앞서 안영과 제 경공의 대화처럼 그 말이 행해진 구체적 상황과 당사자, 이유가 밝혀지거나 적어도 이를 추론할 수 있다면 그만큼 《논어》의 해석은 쉬워지는 것입니다.

옥석^{玉石} 가리기

사람들은 《논어》에 수록된 공자의 말이 모두 진실이라고 생각합니다. 그러나 《논어》는 여러 판본(제논齊論, 노논魯論, 고론古論 등)이 있었고, 수 세기 동안 다양한 사람들의 손을 거쳐 오늘날의 모습을 하게 되었습니다. 그 과정에서 오기誤記는 물론 임의로 첨삭되거나 변조되었을 개연성도 얼마든지 있습니다. 따라서 진정 공자말씀이 맞는지 한 번쯤 의심해볼 필요가 있습니다.

《논어》 속 공자의 말이 전부 사실이라 하더라도 그 무게나 비중이 모두 같은 것도 아닙니다. 공자가 여러 사람에게 했던 말과 특정인에게 했던 말, 누차 강조한 말과 한 번으로 끝난 말, 진심을 다해 한 말과 별 의미 없이 던진 말, 진담과 농담을 똑같이 취급할 수는 없습니다.

《논어》에 대한 오역誤譯, 더불어 공자에 대한 오해는 이처럼 옥석을 구분하지 않고 《논어》에 등장하는 공자의 말을 모두 동등하게 생각하는 데서 비롯되는 경우가 많습니다. 《논어》 전체의 통일성, 일관성을 고려하면서 공자의 기본사상에 부합하도록 해석하는 것이 중요합니다. 이른바 체계적, 규범조화적 해석입니다.

공자가 여러 사람에게 수차 강조했던 말이나 인仁, 의義, 예禮, 악樂, 충忠, 서恕, 효孝, 화和와 같은 공자의 기본 사상에 부합하는 말은 진실일 가능성이 높습니다. 가장 간단한 방법은 그 말이 언급된 횟수, 빈도입니다.

"교묘하게 말을 하고 얼굴빛을 꾸미는 사람치고 어진 사람은 드물다. 巧言 令色 鮮矣仁교언영색선의인"

공자는 이런 말을 여러 차례 하는데(〈학이 편〉, 〈양화 편〉, 〈공야장 편〉), 이는 공자가 정직과 실천을 매우 중요한 덕목으로 보았고, 말이 앞서는 사람, 표리부동한 사람을 그만큼 신뢰하지 않았음을 보여줍니다.

반면에 전체의 맥락과 동떨어져서 홀로 존재하는 말이 있다면 사실이 아니거나 누군가 지어낸 말일지도 모릅니다. 큰 비중을 둘 필요가 없고 경우에 따라서는 버려야할 때도 있습니다. 이를

테면 이런 언급들입니다.

"이단을 공부하는 것은 해가될 뿐이다. 攻乎異端斯害也已공호이
단 사해야이 〈위정 편〉"

"나에게 몇 년이 더 주어져 오십에 주역을 배울 수 있다면 큰
잘못이 없게 될 것이다. 加我數年五十以學易可以無大過矣가아수년오
십이학역가이무대과의 〈술이 편〉"

이런 말들은 확실히 공자의 평소 생각과는 거리가 있고 맥락
없이 한 번 불쑥 등장했다가 사라집니다. 후학들이 필요에 따라
임의로 지어낸 말이거나 오기誤記, 오역誤譯이라는 해석이 그래서
나옵니다. 그들은 이렇게 달리 봅니다.

'공功(工)이 아니라 攻공이다. 이단을 공부하는 것이 해가 된다는
것이 아니라 이단을 공격하는 것이 해가 된다는 말씀이다. 그럴
시간이 있으면 묵묵히 실천에 힘쓰라는 뜻이다.'
'공자님이 주역에 심취했다는 것은 믿기 어렵다. 역易은 亦역으
로 읽어야 한다. 나에게 몇 년이 더 주어져 오십에도 공부할 수
있다면 또한 큰 잘못이 없게 될 것이다, 라는 말이다.'

종횡으로 읽기

《논어》는 한 사람이 쓰거나 편집한 책이 아닙니다. 여러 제자들(그 제자의 제자들)이 공자의 말 중에서 비슷한 것끼리 대충 엮어서 편, 장을 나누고 이름을 붙인 것입니다. 한마디로 일정한 질서와 체계가 없는 책입니다. 종종 중복이나 모순이 발견되고 같은 취지의 말이 이 곳 저 곳에 조금씩 다른 형태로 존재하는 것도 그 때문입니다.

그런데 이 말은 거꾸로 어떤 문제에 대한 해결의 실마리가 전혀 다른 편, 장 속에 있을 수 있다는 것을 의미합니다. 마치 퍼즐 조각이 여기저기 무질서하게 흩어져 있어서 이를 잘 찾아 모아 붙이면 그림을 완성할 수 있는 것과 같습니다. 따라서 《논어》를 처음부터 끝까지 꼼꼼히 읽은 후 다시 일정한 주제, 인물에 따라 편, 장을 넘나들며 종횡으로 읽다보면 의외의 수확을 올릴 수 있습니다. 〈위영공 편〉에 다음과 같은 공자의 말이 나옵니다.

"사람이 도를 넓히는 것이지 도가 사람을 넓히는 것이 아니다. 人能弘道 非道弘人 인능홍도 비도홍인"

알 것도 같고 모를 것도 같은 말입니다. 이 말을 두고 '인간의 주체성 선언' 운운하기도 하는데 맞는 말이지만 왜 이 말이 인간의 주체성 선언인지는 잘 설명하지 못합니다.

공자는 만물의 근원이나 영원한 진리, 절대자와 같은 형이상학적 문제에 관심이 없었고 그 존재를 긍정하지 않았습니다. 현상 세계의 배후에 영원불멸의 본질이 따로 있다고 생각하지 않았습니다. 그 점이 그리스 철학, 기독교, 도가철학과 다른 공자의 사상적 특징이기도 합니다. 이를테면 노자는 '보이지 않고 들을 수 없으며 잡을 수도 없으나 천지만물을 낳고 기르는 형이상학적 실체'로서의 도道를 주장하였는데, 공자는 그러한 생각에 동의하지 않았습니다.

공자가 하고 싶은 말은 '인간이 진리(도)를 찾고 실천하는 것이지 객관적 실체로서의 진리(도)가 따로 있어서 인간에게 작용하거나 영향을 미치는 것은 아니다'는 것입니다. 마치 '인간이 신을 만들었지, 신이 인간을 만든 것은 아니다'는 논리와 비슷합니다.

그리고 이와 같은 답은 〈위영공 편〉 뿐 아니라 〈공야장 편〉이나 〈술이 편〉, 〈자한 편〉을 통해 '공자가 귀신이나 천도天道에 대해서는 말하지 않았다'는 점을 알아야 비로소 찾을 수 있습니다. 문제해결의 실마리가 여러 곳에 산재해 있어서 질문 안에서는 답을 찾기 어려운 것입니다.

제자들

《논어》는 공자가 여러 제자들에게 했던 말이나 그들과의 대화를 주로 모은 것입니다. 당연히 각양각색의 제자들이 등장하며, 이들 제자들에 대해 잘 아는 것은 공자의 말을 깊고 생기 있게 이해하는 데 도움이 됩니다.

특히 공자 말씀이 상대방에 최적화된 가르침이라는 점을 감안하면 대화의 상대방이 누구이고 그가 어떤 사람인가는 매우 중요한 문제입니다. 아울러 공자 말씀이 보편적인 것인가 아니면 특정 상대에 국한된 것인가도 생각해볼 필요가 있습니다.

《논어》에 가장 많이 등장하는 제자는 자로(계로)입니다. 본명은 중유仲由이고, 공자보다 9살 연하로 알려져 있습니다. 말이 제자지 공자에게는 동생과도 같은 존재요, 다른 제자들에게는 삼촌이나 큰 형님과 같은 사람이었습니다. 성격이 우직하고 용감하였으며 무인기질이 뚜렷한 인물이었습니다.

《논어》는 그를 '거칠고(由也喭유야언 〈선진 편〉)', '과감하고(由也果유야과 〈옹야 편〉)', '강직하다(行行如也행행여야 〈선진 편〉)'고 묘사하고 있습니다. '약속한 것을 묵혀두는 일이 없었다(子路無宿諾자로무숙락 〈안연 편〉)'거나 '아직 실천하지 못했으면 또 다른 가르침을 두려워했다(未之能行唯恐有聞미지능행 유공유문 〈공야장 편〉)'고 하는 것으로 보면 성격이 급하고 매우 행동 지향적이었음을 알 수 있습니다. 자로가 공자 집단에서 차지하는 위상, 역할을 가장 잘 보여주는 것이 《사기》에 나오는 다음과 같은 공자의 말입니다.

'내가 자로를 제자로 들인 뒤 더 이상 세상 사람들의 비난을 듣지 않게 되었다.'

자로 다음으로 많이 등장하는 인물이 자공입니다. 성은 단목端木이고 이름이 사賜이며 공자보다 약 31살 연하로 알려져 있습니다. 공자는 자공을 평하기를 '언어에 능하고(言語子貢언어자공 〈선진 편〉)' '사리에 밝으며(賜也達사야달 〈옹야 편〉)' '이재에 밝고 예측하면 잘 맞았다(而貨殖焉 億則屢中이화식언 억즉누중 〈선진 편〉)'고 하였습니다. 자공이 언변이 좋고 상황판단이 빠르며 재주가 많은 인물임을 알 수 있습니다.

더 중요한 것은 공자와의 관계입니다. 그는 스스럼없이 공자와 대화를 주고받는 사이였고, 공자도 자공이 곁에 있으면 '편안하고 온화하여 즐거워했'습니다(侃侃如也 子樂간간여야 자락 〈선진 편〉). 《논어》전편에 걸쳐서 공자에게 가장 많은 질문을 던진 사람이 자공입니다. 서恕라든가 하학이상달下學而上達이라든가 일이관지一以貫之와 같은 공자의 주옥같은 말들이 주로 자공과의 대화에서 나온 것도 다 이유가 있습니다.

다음 장면은 자공이 어떤 사람인지, 제자들 사이에서 어떤 존재였는지를 잘 보여줍니다.

염유가 물었다.
"선생님께서는 위衛나라의 왕을 도와줄까요?"
자공이 대답했다.
"네, 제가 여쭤보지요"하고는 들어가서 여쭤보았다.
"백이와 숙제는 어떤 사람입니까?"
공자가 말씀하였다.
"옛 현인이다"
자공이 말했다.
"원망했습니까?"
공자가 말씀하였다.

"인을 구해서 인을 얻었는데 또 무엇을 원망하겠느냐?"

자공이 나와서 말했다.

"선생님은 위나라 왕을 돕지 않을 겁니다." 〈술이 편〉

다른 제자들이 궁금해 하는 점을 대신 물어볼 만큼 자공이 공자와 가까운 사이였고, 간접화법을 써서 공자의 마음을 읽을 정도로 머리가 좋았다는 것을 알 수 있습니다.

그 다음이 공자의 수제자로 알려진 안연입니다. 이름은 회回요, 공자보다 30살쯤 연하로 알려져 있습니다. 공자가 '나는 그만 못하다(吾弗如也오불여야 〈공야장 편〉)'고 고백했던 유일한 인물이고, 그를 너무나 아낀 나머지 그가 죽자 '하늘이 나를 버리셨구나(天喪予천상여 〈선진 편〉)'하고 탄식하기도 하였습니다.

'한 그릇의 밥과 한 바가지의 물을 마시며 누추한 마을에 살았으나, 인을 어기는 일이 없었고(不違仁불위인), 배우기를 좋아하였으며(好學호학), 불행히도 단명(不幸短命불행단명 〈옹야 편〉)'하였습니다. 말수가 적고 내성적이며 묵묵히 실천하는 사람이었고, 그 때문에 스승인 공자로부터 오해를 받기도 하였습니다.

"내가 회와 종일 이야기를 해도 내 뜻을 어기지 않아 어리석어 보였다. 그러나 물러나고 난 다음 그의 생활을 살펴보니 그야말

로 나의 가르침을 잘 실천하고 있으니 회는 어리석지 않다. 〈위정
편〉"

　그 밖에도 《논어》에는 증삼, 유약, 염유, 재아, 자유, 자장, 자
하, 중궁, 민자건, 사마우, 염백우, 번지, 자금, 자고, 칠조개, 남
용, 공야장 등 개성이 뚜렷한 여러 제자들이 등장합니다. 따라서
그들이 어떤 인물인지, 공자가 그들에게 왜 그런 말을 한 것인지
곰곰이 생각해볼 필요가 있습니다.

일이관지 一以貫之

《논어》에는 군자君子, 인仁, 덕德, 학學, 도道, 의義와 같은 중요한 말들이 자주 등장합니다. 이런 말 중에서 《논어》 전체를 관통할 수 있는 단어를 택해 그 뜻을 깊이 연구해보는 것도 《논어》를 이해하는 좋은 방법이 될 수 있습니다. 공자가 말한 '일이관지一以貫之'의 방식입니다.

그런 핵심어(자안字眼) 중 하나가 '수기안인修己安人'이라 할 수 있습니다. 공자 스스로 자신의 사명으로 삼았을 뿐 아니라, 이후 모든 유가의 필수 덕목이 되었고, 《논어》를 한마디로 말하면 '수기안인에 관한 책'이라고 할 수도 있습니다. 이 말이 등장하는 장면은 이렇습니다.

자로가 군자에 대해서 묻자 공자가 말씀하였다.

"경건한 자세로 자신을 닦아야 한다. 修己以敬수기이경"

"그렇게 하면 됩니까?"

"자신을 닦아 남을 편안하게 해야 한다. 修己以安人수기이안인"

"그렇게 하면 됩니까?"

"자기를 닦아 백성을 편안하게 해야 한다. 修己以安百姓수기이안백성 자기를 닦아 백성을 편안하게 하는 일은 요·순 임금도 어려워했던 일이다." 〈헌문 편〉

평이한 대화 같지만 상당히 심오한 메시지를 담고 있습니다. 공자는 이상적인 인간 즉 군자가 되기 위한 요건으로 수기와 안인, 두 가지를 말합니다. 자기를 닦아 사람을 편안케 하는 것이 군자라는 말입니다.

치인治人이 아니라 안인安人이라고 말한 데 주목하여, 공자의 남다른 깊이를 짐작할 수 있다는 사람도 있습니다. 인人을 '다스림의 대상'이 아니라 '봉사의 대상'이나 '편안케 해야 할 존재'로 여겼다는 것입니다.

수기修己와 안인安人의 관계도 분명히 제시되고 있습니다. 수기는 안인의 시작이고, 안인은 수기의 완성입니다. 수기는 그 자체에 목적이 있는 것이 아니라 궁극적으로 안인安人, 안백성安百姓하는 데 의미가 있고, 안인, 안백성은 수기를 마친 사람에 의해 이루어져야 한다고 본 것입니다. 요즘말로 하면 어질고 유능한 사람에 의해 정치가 이루어져야 하고, 정부의 목적, 존재 이유는 국민의 행복에 있다고 선언한 것입니다.

또 수기와 안인에 완성이 있을 수 없으므로 끊임없이 수기하고 끊임없이 안인해야 하며, 또 수기하면서 안인하고, 안인하면서 수기해야 합니다. 증자 말처럼 이는 '죽은 뒤에야 끝나는 일'이니, 그야말로 임무는 중하고 갈 길은 멀었습니다(任重而道遠임중이도원). 공자와 유가들이 쉼 없이 자기를 닦는 한편으로 정치진출에 그토록 목말라 하고 관직진출을 당연시한 이유를 알 수 있습니다.

물론 수기안인을 전혀 다르게 해석하는 사람도 있습니다. 대화에 나오는 인人을 인人계급, 노예주로 보고, 백성百姓 또한 자기 성姓을 가질 수 있었던 영주나 관료계층으로 보는 것입니다. 그들에 따르면 수기안인은 결국 '자기를 닦아 지배계층에 봉사하는 것'이 됩니다. 이렇게 해석하면 이 말을 한 공자는 전형적인 보수주의자이거나 행정 관료의 대변자로 이해될 수도 있습니다.

채색하기

《논어》는 생략과 여백이 많아 그림으로 치면 마치 단색의 선으로 극히 간략하게 그린 소묘와 같습니다. 대부분의 삽화가 평면적이고 무미건조하게 느껴지는 이유도 거기에 있습니다.

따라서 《논어》를 보다 생동감 있게 이해하기 위해서는 색깔을 입히고 디테일을 완성해보는 것이 필요합니다. 물론 그와 같은 노력이 단순한 공상으로 흐르지 않기 위해서는 물감(재료)을 최대한 《논어》 자체에서 찾아야 할 것입니다. 제자 자공과 공자의 대화중에 이런 것이 있습니다.

자공이 물었다.

"저는 어떻습니까? 賜也何如사야하여"

공자가 말씀하였다.

"너는 그릇이다. 女器也여기야"

자공이 말했다.

"어떤 그릇입니까? 何器也하기야"

공자가 말씀하였다.

"호련이다. 瑚璉也호련야" 〈공야장 편〉

마치 선문답처럼 느껴집니다. 역시 대화의 시점이나 상황, 이유가 전혀 알려져 있지 않기 때문입니다. 당연히 다양한 해석이 공존할 수밖에 없습니다.

공자가 자공을 '종묘의 제사에 쓰는 귀중한 그릇'에 비유했으니 훌륭한 인재라고 칭찬한 것이라는 사람이 있는가 하면, 자공이 재주는 많으나 아직 전인적 인격에 이르지 못했음을 지적한 것이라는 사람도 있고, 칭찬과 편달의 의미가 모두 포함된 것이라고 보는 사람도 있습니다.

이처럼 저마다 해석은 다르지만 한 가지 공통점도 있으니, 다들 이 대화를 매우 진지한 태도로 받아들인다는 것입니다. 그러나 앞서 본대로 공자와 자공의 관계는 화기애애했고, 공자는 자공과 함께 있으면 즐거워했습니다. 따라서 둘 간의 대화가 그리 심각한 분위기에서 이루어지지는 않았을 것입니다.

자공은 또 이재에 밝고 공자 학단에 재정적으로 큰 기여를 한 인물입니다. 자공이 뭔가 큰 공을 세우거나 칭찬받을 만한 일을 했을 수 있습니다. 자공이 먼저 자기에 대한 평가를 물은 것도 이를 반증합니다. 이런 상황을 한 번 추론해볼 수 있습니다.

공자의 명성을 듣고 찾아오는 제자들은 늘어나는데 막상 이들이 기거할 거처는 부족한 형편이었습니다. 이때 수완 좋은 자공이 나서서 학사 2채를 새로 마련하였습니다. 우쭐한 마음에 조금은 들뜬 목소리로 자공이 묻습니다.

"저 어때요?"

그러나 공자는 평소 느낀 바를 솔직하게 이야기합니다. 어쩌면 작은 성취에 자고자대하는 자공을 경계하고자 한 것일 수도 있습니다.

"너는 (재주 많고 쓸모 있는) 그릇이다."

그런데 '군자불기'라는 말을 기억 못할 자공이 아닙니다. 살짝 기분이 나빠진 자공이 퉁명스럽게 되묻습니다.

"어떤 그릇인데요?"

그러자 미안해진 공자가 '최고로 귀한 그릇'이라며 둘러댑니다.

"호련이다. 호련!"

도척의 부하가 "도둑에도 도가 있습니까"라고 묻자, 도척이 말했다.
"어찌 도가 있다 뿐이겠느냐? 무릇 빗장을 걸어 잠근 문 안을 헤아려서 그곳의
재물을 알아맞히는 것은 거룩함이고, 먼저 들어가는 것은 용감함이고, 뒤에
나오는 것은 의로움이고, 도둑질 할 때를 아는 것은 지혜로움이고, 장물을
똑같이 나누는 것은 어진 일이다."

《여씨춘추》

3장

천 사람의 마음속
천 명의 공자

인본주의자 공자

진秦나라의 재상 여불위가 여러 학자들을 모아 편찬하고, '여기에서 한 글자라도 고칠 수 있다면 천금을 주겠노라'고 호언한 책이 《여씨춘추》입니다. 특정 사상에 국한되지 않고 종합적이고 실용적으로 서술된 책입니다. 이 《여씨춘추》에 다음과 같은 이야기가 실려 있습니다.

초楚나라 사람 중에 활을 잃어버린 사람이 있었는데, 그는 이를 다시 찾으려 하지 않고 말하기를 '초나라 사람이 잃고 초나라 사람이 주웠으면 됐지, 무엇 때문에 이를 다시 찾겠는가?'라고 하였다.

공자가 이 이야기를 전해 듣고 '그의 말에서 초나라라는 말을 빼버리면 더 훌륭하겠다'고 말하자, 노자老子가 다시 이 말을 전해 듣고는 '그의 말에서 사람이라는 말을 빼버리면 더 훌륭하겠다'고 말하였다.

비록 짤막한 우화에 불과하지만 당시 공자의 생각이 어디에 머물러 있었는지 암시해주고 있습니다. 초나라 사람은 자기를 초월하여 민족이나 국가를 향하고 있고, 공자는 국적을 초월하여 인간을 향하고 있으며, 노자는 인간을 초월하여 만물을 향하고 있습니다. 사유의 중심, 범위가 각기 다름을 알 수 있습니다.

공자의 제1 정신은 무엇보다 인본주의입니다. 그는 철저하게 인간 본위로, 사람 중심으로 사고하였습니다. 오로지 인간과 인간성을 숭배하고 존귀하게 여겼습니다. 그렇다면 공자는 인간에 대비하여 무엇을 비본질적인 요소로 파악하였을까요? 그 하나는 신이고 다른 하나는 자연(물)입니다.

그는 신의 존재를 적극적으로 긍정하지 않았고 삶에 있어서 부차적이거나 말단적인 요소로 파악하였습니다. 제자 자로에게

"사람도 능히 섬기지 못하는데 어찌 귀신을 섬길 수 있겠는가.
未能事人 焉能事鬼미능사인 언능사귀 〈선진 편〉"

하였고, 제자 번지가 지혜에 대해서 물어보자,

"백성의 의로움에 힘쓰고 귀신을 공경하되 멀리하면 지혜롭다고 할 수 있다. 務民之義 敬鬼神而遠之 可謂知矣무민지의 경귀신이원지 가위지의〈옹야 편〉"

고 하였습니다.

자연에 대해서도 마찬가지입니다. 그는 인간과 자연을 동격으로 보지 않았고, 인간을 자연의 일부가 아닌 우주의 중심으로 보았습니다. 《논어》그 어디에도 공자가 인간과 동물을 동일시한 경우는 발견되지 않습니다.

공자는 누구보다 육식을 좋아했고(肉雖多육수다〈향당 편〉), 제자 자로에게

"새와 짐승과는 더불어 무리가 되어 살 수 없다. 내가 이 세상 사람들과 어울려 살지 않는다면 누구와 함께 하겠는가? 鳥獸不可與同羣 吾非斯人之徒與而誰與조수불가여동군 오비사인지도여이수여〈미자 편〉"

라고 말하기도 하였습니다.

생명론이나 생태주의는 공자나 유가가 아니라 살생을 금하고 다른 존재형태로의 윤회를 긍정하는 불가佛家나 인간을 자연계의

일 현상으로 보는 도가道家와 더 관련이 있는 주제입니다. 따라서 앞서 얘기했던 '마구간에 불이 나자 사람을 묻고 이어서 말에 대해 물었다'는 해석은 작위적일 뿐 아니라 사실을 왜곡한 짓입니다. 공자를 숭모한 나머지 그를 또 다른 부처나 노자로 만들어버린 꼴입니다.

효에 대하여

《논어》에는 맹무백과의 문답 외에도 효에 관한 이야기가 많습니다. 어쩌면 유가에 있어서 가장 중요한 덕목 중의 하나가 바로 효라고 할 수 있습니다. 유가가 효를 이처럼 중시한 것은 그것이 인륜에 부합하기도 하지만 가장 가까이서 실천할 수 있는 인仁, 인의 첫걸음이라는 데 이유가 있습니다. 인은 바로 유가의 시조인 공자 사상의 핵심입니다.

그렇다면 맹무백의 질문에 대한 공자의 답은 무엇이었을까요?

'그 질병'이 '부모의 질병인가', '자식의 질병인가'를 따지기에 앞서 공자 당시에 질병이 도대체 어떤 의미였는지를 생각해보면 문제가 의외로 쉽게 풀릴 수 있습니다. 의학이나 병리학이 발달하지 않은 당시로서는 '질병'이란 '인간의 의지와 능력으로는 어찌할 수 없는 운명적인 것, 뜻밖의 재난이나 사고'로 인식되었을 가능성이 높습니다. 〈술이 편〉에 '공자가 질병에 걸리자 자로가 기도드리기를 청했다 子疾病 子路請禱자질병 자로청도'는 대목이 있는데, 이 또한 당시 질병이 불가항력적인 것, 하늘에 대고 기도할 수밖에 없는 일이었음을 암시하고 있습니다.

따라서 '부모가 오로지 그 질병을 걱정한다'는 말은 '어쩔 수 없는 운명, 예기치 않은 불행이나 사고 외에는 달리 별 걱정이 없는 상태'를 말한다고 보아야 합니다. '부모의 질병'이냐, '자식의 질병'이냐가 중요한 것이 아니라 '부모가 (자기 또는 자식의) 뜻밖의 질병 같은 것 외에는 다른 큰 걱정이 없이 편안한 상태', '걱정 자체의 최소화'가 바로 '효'라고 말하고 있는 것입니다.

말하자면 '노자안지老者安之'의 상태가 그것인데, 공자는 물질적 부양뿐 아니라 공경, 색난, 화목, 우애와 같은 정신적 요소가 아울러 충족되어야 그런 상태에 도달할 수 있다고 보았습니다.

"지금의 효란 잘 부양하는 것을 말하지만 (사람은) 개와 말도 잘 먹여 기른다. 공경하지 않는다면 무엇으로 구별하겠는가? 今之孝者 是謂能養 至於犬馬 皆能有養 不敬何以別乎금지효자 시위능양 지어견마 개능유양 불경하이별호 〈위정 편〉"

"일이 있을 때 젊은이가 그 수고를 맡아서 하고 술이나 음식이 있으면 어른이 먼저 드시게 하는 것만으로 효라고 할 수 있는가? 〈위정 편〉"

앞서 나왔던 '군군신신'에 대해서도 조금 더 생각해보겠습니다. 나중에 다시 보겠지만 공자는 아래로부터의 혁명이 아니라 정치의 변화, 위로부터의 개혁을 통해 춘추 당시의 혼란과 고통을 종식하고자 하였습니다. 지배층을 교화·개선하고, 학식과 덕망을 갖춘 사민계층을 정치에 대거 진출시켜 '군자君子에 의한 정치'를 이루고자 하였습니다. 《논어》에 유독 지배층의 각성, 솔선수범을 강조하는 이야기가 많이 등장하는 것도 그 때문입니다. 공자는

"군자의 덕은 바람과 같고 소인의 덕은 풀과 같아서 풀은 바람이 불면 반드시 눕는다. 君子之德風 小人之德草 草上之風必偃군자지덕풍 소인지덕초 초상지풍필언 〈안연 편〉"

고 했습니다. 물이 위에서 아래로 흐르듯 지배층이 모범을 보이면 피지배층은 자연히 따른다고 본 것입니다. 자로가 정치를 묻자 '솔선수범하라(先之勞之선지노지 〈자로 편〉)'고 했고, 계강자가 정치에 대해서 묻자.

"바르게 하는 것입니다. 그대가 바르게 이끈다면 누가 감히 바르지 않게 되겠습니까. 政者正也 子帥以正 孰敢不正정자정야 자수이정 숙감부정 〈안연 편〉"

라고 했습니다. 나아가

"그 몸이 바르면 명령이 없어도 행해지나 그 몸이 바르지 않으면 비록 명령을 내려도 따르지 않는다. 其身正 不令而行 其身不正 雖令不從기신정 불령이행 기신부정 수령부종 〈자로 편〉"

고 단언하였습니다.

대화의 상대방이 다름 아닌 제나라의 군주 경공이라는 점도 주목해서 볼 필요가 있습니다. 경공은 발뒤꿈치를 베는 형벌인 월형을 남발하여 백성의 원성을 산 인물이고, 재상 안영은 그런 경공에게 '시중에 의족은 비싸고 일반 신발은 싸다'며 간언하고, 반대하였습니다.

따라서 군군신신은 '조건 명제'로 읽는 것이 적절합니다. 조건 명제를 통해 당위 명제를 실현하는 것, 이것이 공자의 참뜻에 가깝다고 할 수 있습니다. 관중은 '임금이 임금답지 못하면 신하 또한 신하답지 못하게 되고 아비가 아비답지 못하면 자식 또한 자식답지 못하게 된다(君不君則臣不臣 父不父則子不子군불군즉신불신 부불부

즉자부자)'고 말했는데, 바로 그와 같은 뜻입니다. 결국 공자는 제 경공에게 '임금이 임금다워야 한다. 스스로 모범을 보이고 선정을 베풀라'고 충고했던 것입니다.

증자가 말한 충과 서는 어떨까요? 충과 서 중에서 굳이 하나를 택해야 한다면 '공자의 도는 서恕 하나'라고 하는 것이 맞을지 모릅니다. '평생토록 행할 만한 것'을 묻는 자공의 물음에 공자가 서를 말한 사실은 앞서 본 바와 같거니와, 서는 공자의 근본사상인 인과도 일맥상통합니다.

인이란 곧 '사람을 사랑하는 일 愛人애인'이거나 '자기를 이기고 예로 돌아가는 일 克己復禮극기복례'이라 할 것인데, 그와 같은 상태는 타자를 자기와 같은(如) 존재로 생각(心)하는 것에서 출발합니다. 같은 존재로 여기기 때문에 '자기가 하기 싫은 일은 남에게도 시키지 않으며 己所不欲 勿施於人기소불욕 물시어인', '자기가 서고 싶으면 남도 서게 해주고 자기가 통하고 싶으면 남도 두루 통하게 己欲立而立人己欲達而達人기욕입이입인 기욕달이달인〈옹야 편〉'해주는 것입니다.

제자 중궁이 인仁에 대해서 묻자 공자는 〈안연 편〉에서 아예 서恕를 뜻하는 '己所不欲 勿施於人기소불욕 물시어인'이라고 답하였고, 제자 맹자는 '힘껏 서를 실천하면 인을 추구함에 이보다 더 가까운 길은 없다(强恕而行 求仁莫近焉강서이행 구인막근언)'고 말하기도 하였습니다.

그러나 충과 서가 전혀 별개일까요? 글자 그대로 보면 충忠은 집중(中)된 마음(心)이고, 서(恕)는 같은(如) 마음(心)입니다. 마음을 한 곳에 집중하여 정성을 다하는 것이 충이고, 남을 내 몸같이 사랑하고 너그러이 대하는 것이 서입니다. '자기를 다하는 것(盡己진기)'이 충이라면, '자기를 미루어(推己추기) 남을 헤아리는 것'이 서입니다. 따라서 충은 내적 윤리, 서는 외적 윤리라고 할 수도 있습니다.

그러나 물이 가득차서 넘치는 것처럼 내적 윤리와 외적 윤리는 서로 긴밀히 연관되어 있습니다. 수기와 안인이 결국 둘이 아닌 하나인 것과 같습니다. 매사에 정성을 다하는 사람이 남에게만 소홀할 수는 없습니다. 자신에게 성의를 다하는 것이 충이라면 남에게 최선을 다하는 것이 서입니다. 충이 서이고, 서가 곧 충이라 할 수 있습니다. 굳이 충과 서 중 어느 하나를 기계적으로 선택할 필요는 없고, 증자가 틀렸다고 단언할 수도 없는 일입니다.

전불습호 傳不習乎

증자 이야기가 나온 김에 하나 더 생각해보겠습니다. 유명한 '나는 매일 세 가지를 반성한다'는 오일삼성吾日三省의 테마입니다. 〈학이 편〉에 있는데, 본문은 이렇습니다.

'나는 매일 나 자신에 대해 세 가지를 반성한다. 남을 위해 도모함에 최선을 다하지 않은 것은 아닌가? 벗들과 사귐에 신의가 없지는 않았는가? 배운 것을 잘 익히지 못한 것은 아닌가?'

특히 문제가 되는 것은 마지막 구절인 이른바 '전불습호傳不習乎'입니다. '전傳'과 '불습不習'을 순서대로 새기느냐, 거꾸로 읽느냐에 따라 그 뜻이 많이 달라지기 때문입니다.

습習은 본래 '학습', '복습'의 뜻만 있는 것이 아니라 '체득', '실천'의 의미를 갖는 말입니다. 《논어집주》에 따르면 '학學은 본받는 것이고 습習은 어린 새가 수 없이 날개(羽)짓 하는 것'입니다. '본대로 따라 하는 것', '모방과 실천의 통일', '지행합일知行合一'이 학습의 본래 의미입니다. 순자도 '군자의 학문은 귀로 들어와 마음에 붙고 몸으로 퍼져 행동으로 나타난다. … (그러나) 소인의 학문은 귀로 들어와 입으로 나온다'고 말하였습니다.

따라서 '전불습호'를 순서대로 해석하면 '전수받은 것을 잘 익히지 못한 것은 아닌가', '배운 것을 잘 실천하지 못한 것은 아닌가'로 풀이됩니다. 배우는 자 중심, 학습자 관점의 자아반성이 됩니다.

반면 이를 뒤부터 거꾸로 읽으면 '잘 익히지 못한 것을 전하고 있지는 않은가', '자신도 실천하지 못하고 있는 것을 가르치고 있지는 않은가'하는 뜻이 됩니다. 가르치는 자 중심, 교수자 관점의 반성이 됩니다.

다산 정약용은 전자로 해석해야 된다고 봅니다. '자신도 잘 알지 못하는 것, 체득하지 못한 것을 가르칠 수는 없다, 불가능하다'는 것입니다. 증험하고 실천해야 비로소 완전한 배움에 이르고, 남에게도 가르칠 수 있다고 생각한 것입니다.

그러나 현실세계에서는 얼마든지 자신도 알지 못하는 것, 실천하지 못하는 일을 가르치는 사람이 존재합니다. 어쩌면 대다수의 사람들이 '똑바로 걷기를 가르치는 어미 게'처럼 살고 있는지도 모릅니다. 배우는 것과 가르치는 것은 동전의 양면과 같습니다. 사람은 누구나 배우는 존재이면서 동시에 가르치는 존재입니다. 따라서 '배운 것을 제대로 실천하고 있는가'를 반성함과 동시에 '자신도 잘 실천하지 못하는 것을 가르치고 있는 것은 아닌가' 반성하지 않을 수 없는 것입니다.

천상지탄

그러나 우리가 아무리 노력해도 공자의 진심을 다 헤아릴 수는 없습니다. 공자의 마음속에 들어갔다 나오지 않는 이상 그것은 불가능합니다. 그저 해석하고 추론하고 상상할 뿐입니다. 〈자한 편〉에 다음과 같은 공자의 말이 있습니다.

"흘러가는 것이 모두 이와 같아서 밤낮을 쉬지 않는구나. 逝者 如斯夫 不舍晝夜 서자여사부 불사주야"

공자가 냇가에 서서 한 말이라 하여 이른바 천상지탄川上之歎이 라고 불립니다. 공자가 말년에 제자 자공에게 한 말이라는 견해도 있으나 정확히 언제, 누구에게 한 말인지 분명치 않고, 의미도 모호합니다.

실천가로서의 공자를 강조하는 사람들은 '세상에 도는 행해지지 않고 세월만 빠르게 흘러가버린 것을 한탄한 것'이라고 봅니다. 반면 호학자, 교육자로서의 공자를 강조하는 사람들은 '흐르는 물처럼 쉬지 않고 부지런히 자신을 갈고 닦아야 한다고 가르친 것'이라고 생각합니다.

사상가로서의 공자를 강조하는 사람들은 '물의 덕성이 군자를 닮아서 흘러가는 물을 보고 자연히 걸음을 멈추고 물끄러미 바라본 것'이라고 말합니다. 물의 덕성은 당시 유가뿐만 아니라 도가에 의해서도 널리 칭송되었습니다. '이르는 곳마다 만물을 생장시키는 것은 인仁이요, 아래로 흐르는 것은 의義요, 수천 척 높이에서 떨어지는 것은 용勇이요, 깊이를 헤아릴 수 없는 것은 지智다.'

과연 어느 것이 정답일까요? 알 수가 없는 일입니다. 그러고 보면 《논어》의 독법에는 정답이 없다고 할 수 있습니다. 정답이 없다는 것은 어느 누구도 옳거나 틀리지 않다는 말과 같습니다. 설령 정답이 있다 해도 사정은 마찬가지입니다. 그것이 정답임을 증명할 수 없을 뿐만 아니라 어제의 정답이 오늘은 오답이 되고 누군가에게 정답인 것이 다른 사람에게는 오답일 수 있기 때문입니다. 권위에 얽매이지 않는 자유로운 해석, 나만의 독자적인 해석을 꺼릴 필요가 없는 것입니다.

《논어》를 읽는 진짜 즐거움이 여기에 있고, 《논어》가 세대를 뛰어넘어 오랫동안 사랑받는 이유도 바로 거기에 있습니다. 간략하고 모호해서 해석의 여지가 크고 그만큼 나만의 해석, 시대에 맞는 새로운 해석이 가능하다는 점에 《논어》의 질긴 생명력이 있는 것입니다.

작가 황젠은 '천 사람의 마음속엔 응당 천 명의 공자가 있다'고 했고, 다산 정약용은 《논어》로부터 얻는 새로운 깨달음에 대해 '추수 끝난 논에 남아 있는 벼포기와 이삭들을 다 주울 수 없을 정도'라고 토로하였습니다.

"공자가 그 시대에 등용되지 못함을 알면서도 이곳저곳을 다니며 유세한 것은 완고함이며, 곳곳에서 장애를 만나 이룰 수 없음을 알면서도 죽을 결심을 하지 않은 것은 탐욕이며, 다른 사람에게 속아 사방으로 가게 될 줄 모른 것은 어리석음이며, 곤욕을 당하면서도 죽을 수 없었던 것은 부끄러움입니다. 이처럼 완고, 탐욕, 어리석음, 부끄러움은 일반 백성도 하지 않는데, 하물며 군자는 어떠하겠습니까?"

"공자는 곤궁하여 등용될 수 없음을 몰랐던 것이 아니라 천하가 재앙을 입는 것을 자애로운 어머니가 죽은 아이의 몸을 끌어안듯이 슬퍼했으니, 그것이 어쩔 수 없는 일인 줄 알았지만 어떻게 그치게 하지 않을 수 있겠습니까?"

《염철론》

4장

공자라는
크고 높은 언덕

공자연보

이제 《논어》의 주인공인 공자를 찾아가보겠습니다. 성은 공孔, 이름은 구丘이고, 자字는 중니仲尼입니다. 중국 춘추시대 노나라 사람으로 지금으로부터 약 2,500년 전에 태어나서 활동한 사람입니다. 2,500년 전이면 우리의 고조선 시대에나 해당하는 그야말로 까마득한 옛날입니다.

이름이 구丘(언덕, 구릉)인 것과 관련해 공자가 짱구라거나 정수리가 움푹 들어갔다는 이야기도 있고, 두 팔이 매우 길었다는 말도 있습니다. 그러나 딱히 확인하기 곤란한 것들입니다.

공자의 모습에 관한 비교적 믿을만한 기록은 순자에 있는 다음과 같은 말입니다. 仲尼長중니장, 仲尼之狀 面如蒙供중니지상 면여몽기. '공자는 키가 크고, 얼굴 모양은 몽기와 같았다'는 뜻입니다. '몽기'란 '악귀를 쫓을 때 쓰는 가면'으로 '몽기와 같다'는 말은 이목구비가 크고 뚜렷하며 인상이 매우 우락부락하다는 말입니다. 절에서 흔히 보게 되는 사천왕상 같은 모습이라고 할까요?

게다가 공자는 자신보다 한 세대쯤 어린 제자들과 늘 함께 하였습니다. 당연히 멀리서도 알아볼 만큼 존재감이 남달랐다고 할 수 있고, 실제로 공자의 행적을 그린 여러 그림들을 보면 누가 공자인지 금방 찾아낼 수 있습니다.

공자의 연보도 한 번 살펴보겠습니다. 출생에서 사망까지 공자의 삶의 궤적을 정리하면 대체로 아래와 같습니다.

· BC 551 노나라 창평향 추읍에서 아버지 숙량흘과 어머니 안징재 사이에서 출생
· BC 549(3세) 아버지 숙량흘 사망
· BC 535(17세) 어머니 안징재 사망
· BC 533(19세) 견(기)관 씨 딸과 결혼
· BC 532(20세) 아들 리 출생
· BC 522(30세) 자로, 염백우, 중궁, 염구 등 제자를 가르치기 시작함
· BC 517(35세) 제나라 경공이 정치에 대해 물음
· BC 501(51세) 노나라 중도재가 됨

·BC 500(52세) 노나라 사공, 대사구가 됨
·BC 497(55세) 노나라를 떠나 14년간 위, 진, 조, 송, 정, 채, 초 등 천하를 주유함
·BC 484(68세) 노나라로 돌아감. 유약, 증삼, 자하 등 제자를 가르침
·BC 483(69세) 아들 리 사망
·BC 481(71세) 제자 안회 사망. 춘추 절필
·BC 480(72세) 제자 자로 사망
·BC 479(73세) 공자 사망

그러나 이런 약력이 모두 진실이라고 보기는 어렵습니다. 여러 문헌들에서 이것저것 끌어 모아 정리한 것이기 때문에 진실과 거짓, 사실과 신화神話가 혼재되었다고 보아야 할 것입니다. 확실한 것은 공자가 중국 춘추시대 노나라 사람이고, 여러 제자를 가르치고 정치에 관여하였으며 천하를 유랑하였다는 것, 그리고 아들과 애제자가 먼저 죽는 등 개인적 불행이 적지 않았다는 정도입니다.

의심스런 정보들

　공자에게는 여러 확인되지 않는 이야기가 뒤따르는데, 그중 하나가 '제자가 무려 3천 명에 이른다'는 것입니다. 그러나 당시 상황에 비추어보면 이는 물리적으로나 사실적으로 불가능한 숫자라 할 수 있습니다. 《논어》에 직접 이름이 거론된 공자의 제자는 사실 스물 몇 명에 불과합니다. 따라서 3천 제자라는 말은 과장된 것이거나 공자의 직접 제자뿐 아니라 그 제자의 제자들, 공자 말씀을 한 번이라도 들었던 청중들을 모두 통칭하는 것으로 보는 것이 합리적입니다.

　공자가 사공(토목 관련 고위직)이나 (대)사구(오늘날의 검찰총장, 법무부장관)와 같은 최고위직에 올랐다는 《맹자》나 《사기》의 기록도 마찬가지입니다. 《논어》에는 그에 대한 언급이 전혀 없는데, 만약 공자가 실제로 그와 같은 지위에 있었다면 제자들이 《논어》를 편집하면서 그 사실을 빠뜨릴 리 없기 때문입니다. 따라서 공자가 (대)사구의 직에 있으면서 노나라의 대부인 소정묘를 주살하였다는 《순자》의 이야기도 마찬가지로 근거가 희박해집니다.

공자가 아들을 낳았을 때 노나라 군주로부터 잉어를 하사받아, 이름을 리鯉로 지었다는 것도 믿기 어렵습니다. 스무 살 남짓이면 공자가 매우 하찮은 일에 종사하고 있을 때였고(자한 편), 아직 제자도 없고, 학식이나 명성이 일반에 알져지지 않을 때입니다.

이처럼 《논어》와 《논어》 외의 정보가 서로 불일치하는 경우가 적지 않은데, 1차적으로 《논어》를 중심으로 사실관계를 정리할 필요가 있습니다. 《논어》가 모두 진실은 아니지만 그러나 공자 사후 비교적 가까운 시기에 여러 제자들이 검증하고 토론하여 편찬한 책이고, 공자의 목소리가 직접 실려 있기 때문입니다.

공자의 가정사 중에서 《논어》에서 확인할 수 있는 것은 공자에게 아들과 딸, 형과 조카딸이 있었고(공야장 편), 아들 리가 공자보다 먼저 죽었다는 사실입니다(선진 편). 공자가 조실부모하였다는 점도 오히려 다음 구절과는 맞지 않습니다.

공자가 말씀하였다.

"나가면 공경公卿을 섬기고 들어오면 부형父母을 섬기며 상사喪
事에 감히 게을리 하지 않고 술로 곤경에 처하지 않는다. 나에게
무슨 문제가 있겠는가. 〈자한 편〉"

사실 여부도 그렇지만 공자의 연보에는 알맹이가 별로 없습니
다. 그의 인격이나 성품, 기호, 사상, 가치관이 전혀 드러나지 않
습니다. 공자가 과연 어떤 사람인지, 무엇을 좋아하고 무엇을 싫
어했으며, 무엇을 갈망하고 무엇을 괴로워했는지, 그의 성취는
무엇이고 한계는 무엇인지 알 수가 없는 것입니다.

그렇다면 공자 자신은 스스로를 어떻게 표현하였을까요? 〈위
정 편〉에 다음과 같은 말이 나옵니다.

"나는 열다섯에 학문에 뜻을 두었고, 서른에 스스로 섰으며,
마흔에는 미혹함이 없게 되었고, 쉰에 천명을 알았으며, 예순에
는 귀가 순해졌고, 일흔에는 마음대로 해도 법도에 어긋나지 않
게 되었다."

열다섯 무렵에 참된 인간이 되는 공부(聖人之學성인지학, 爲己之學
위기지학)에 뜻을 두었고, 삼십에는 학문·사회적으로 자립하였으며,
사십에는 견고해져서 흔들림이 없었고, 오십에는 자신의 사명 또
는 운명을 알았으며, 육십에는 비난과 칭송으로부터 자유로워졌

고, 칠십에는 하고 싶은 대로 해도 도리에 어긋남이 없었다는 것입니다.

그러나 이 말을 진정 공자가 한 것인지 의문을 제기하는 사람도 없지 않습니다. 공자는 본디 '온화·선량·공손·검소·겸양(《학이편》)'한 분인데, 어딘지 모르게 자화자찬 하는듯한 모습이 담겨있기 때문입니다.

아무튼 이 말을 통해서 우리는 공자가 단지 뛰어난 업적을 남긴 사람을 넘어 매우 높은 수준의 수양을 이룬 사람, 도인道人같다는 느낌을 받습니다. 공자는 '수기안인'을 필생의 사명으로 삼은 사람이고, 따라서 그가 높은 수준의 인격적 수양을 이룬 것은 어쩌면 당연한 귀결인지도 모릅니다. 특히 종심소욕불유구從心所欲不踰矩는 공자가 만년에 도달한 절대자유의 경지, 고도의 인격적 완성을 보여줍니다.

우리가 자주 쓰는 지우학志于學, 이립而立, 불혹不惑, 지천명知天命, 이순耳順, 종심從心이라는 말도 여기서 등장합니다. 흔히 40세를 불혹, 50세를 지천명, 60세를 이순, 70세를 종심(고희)으로 바꿔 부르는데, 그러나 이는 공자라는 인물이 부단한 자기수양과 노력으로 이룩한 경지일 뿐 나이를 먹는다고 누구나 도달할 수 있는 것이 아님은 자명합니다.

〈술이 편〉에 나오는 공자의 다음과 같은 말도 공자를 이해하는 데 도움이 됩니다.

'도에 뜻을 두고, 덕에 거하며, 인에 의지하고, 예에 노닌다.

志於道 據於德 依於仁 遊於藝지어도 거어덕 의어인 유어예'

공자가 평생 진리(도)를 찾고 실천하기 위해 고군분투하였고, 그 사상적 귀결이 인仁과 덕德이었으며, 예술적 소양과 성취가 상당했음을 알 수 있습니다.

그러나 역시 공자의 객관적 삶, 진면목이 확연히 드러나지는 않습니다. 제3자의 시각, 그것도 그를 곁에서 오래도록 지켜보고 따르던 사람들의 증언이 필요한 이유입니다.

학이시습지,
공자의 일생

《논어》가 바로 그러한 증언록입니다. 잘 알다시피 《논어》는 공자의 제자들, 후학들이 주로 공자의 언행을 기록한 것입니다. 말하자면 '공자가 쓴 책'이 아니라 '공자를 쓴 책'이라 할 수 있습니다. 그러니 공자를 이해하기 더 없이 좋은 책인 것은 분명합니다.

《논어》의 편찬자가 누구인가에 대해서는 아직도 논란이 있습니다. 일반적으로 공자의 후기 제자인 유약이나 증삼의 문하에서 편찬한 것이 아닌가 추론하는데, 그 주된 논거는 호칭 때문입니다. 《논어》에 공자의 다른 제자들은 이름 그대로 등장하는 반면 유약이나 증삼은 스승을 뜻하는 자(子)를 붙여 유자, 증자로 호칭되기 때문입니다. 따라서 유약이나 증삼의 제자들이 《논어》를 편찬했고 그 때문에 스승인 유약, 증삼을 유독 높여 부른 것이 아닌가 생각한 것입니다. 같은 이유로 민손의 문하에서 나왔다고 보기도 하는데, 공자가 다른 제자를 말할 때와 달리 민손은 자건이란 자(字)로 불렀다는 이유입니다.

혹자는 자공이 6년간 공자의 시묘살이를 하면서 그 틀을 잡았다고 보기도 하고, 공자의 다른 제자들인 중궁, 자하, 자유의 문하에서 정리되었다고 주장하기도 합니다.

분명한 것은 《논어》가 한 사람에 의해서 편찬된 것은 아니고 여러 사람이 수백 년의 기간을 두고 정리·수정·보완하여 오늘에 이르렀다는 것입니다. 제나라 판 《논어》와 노나라 판 《논어》, 공자의 옛집 벽 속에서 발견된 《논어》 등 각기 다른 판본이 있었다는 것도 이를 반증합니다.

여기서 주목할 것은 《논어》의 편찬자가 누구인가가 아닙니다. 그 주체가 누구이든 《논어》를 편찬하면서 제자들은 어떤 생각과 고민을 했을까 하는 점입니다. 어쩌면 밤을 새워 치열한 토론이 벌어졌는지도 모릅니다. 공자의 그 많은 언행, 일화들 중에서 도대체 무엇으로 첫 편, 첫 장을 삼을 것인가?

'스승님의 참 모습, 온 생애가 함축되어 있는 말씀을 첫 편, 첫 장으로 삼자! 다 흩어지고 날아가도 마지막까지 남을 그 정수를 책머리에 올리자!'

결론은 아마 이렇게 모아졌을 것입니다. 그렇게 해서 탄생한 것이 〈학이 편〉이고, 그 첫 장이 우리에게도 익숙한 바로 이 말입니다.

"배우고 제 때 익히면 또한 기쁘지 아니한가?
벗이 먼 곳에서 찾아오면 또한 즐겁지 아니한가?
남이 나를 알아주지 않는다 해도 노여워하지 않는다면 또한 군자가 아닌가?"

위 구절에는 공자의 73년의 생애가 녹아있고, 인간 공자의 기쁨과 고뇌가 다 들어 있습니다. 이 말이 《논어》의 첫 장을 차지한 것은 그냥 우연이 아닙니다.

학문을 즐긴 사람

　공자는 매우 논쟁적인 인물입니다. 사상가, 교육자, 저술가, 정치가, 문화인의 다양한 삶을 살았습니다. 학문적으로는 크게 성취한 반면 정치인으로는 실패했고, 당대에는 좌절했지만 후세에는 높이 추앙되었습니다. 유학의 시조이자 성인으로 우러르는 사람이 있는가 하면 시대에 동떨어진 이상주의자, 보수주의자라고 폄하하는 사람도 있습니다. 마치 여러 봉우리와 계곡을 거느린 커다란 산맥과 같아서 다채로운 모양과 빛깔을 하고 있습니다. 그만큼 한 마디로 정의하기 어렵습니다.

　그러나 그 모든 공자의 모습 중에서 오직 하나의 모습을 택해야 한다면 그것은 바로 '배우고 익히기를 즐거워 한 공자', '끊임없이 공부하는 공자'입니다. 《논어》를 단 한 글자로 요약한다면 바로 '學'이라 할 수 있습니다. 공자는 매우 겸양적인 사람이었지만 유독 학문에 있어서만은 남다른 자부심을 피력하기도 하였습니다. 《논어》 속에서 공자는 이렇게 말합니다.

'나는 15세에 학문에 뜻을 두었다. 〈위정 편〉'

'열 가구 정도의 마을에도 나만큼 성실하고 신의 있는 사람은 반드시 있을 것이나, 나만큼 배우기를 좋아하지는 못할 것이다. 〈공야장 편〉'

'나는 일찍이 온종일 먹지도 않고 밤새도록 자지도 않고 사색해보았으나 유익한 게 없었고 배우는 것만 못했다. 〈위영공 편〉'

'너(자로)는 왜 이렇게 말하지 않았는가? 그(공자) 사람됨은 학문에 분발하면 밥 먹는 것도 잊고 그것을 즐거워하여 근심도 잊고, 늙어가는 것조차 알지 못한다고. 〈술이 편〉'

공자가 이처럼 배우고 익히기를 즐거하였으니, 제자들이 공자를 추억하면서 〈학이 편〉을 그 첫 머리에 둔 것은 당연한 일이었습니다.

공자는 문학, 역사, 철학, 음악, 의례, 풍속에 두루 밝았고, 《시경》, 《서경》, 《춘추》를 편찬한 것으로 알려져 있습니다. 또한 언행록인 《논어》를 남겼는데 이 모든 결실은 전성적으로 학문을 좋아하고 부지런히 탐구하는 노력에서 비롯된 것입니다.

더러는 '전술하되 지어내지 않는다 述而不作술이부작'는 공자의 말을 근거로 공자가 책을 저술하거나 편찬한 바 없다고 보기도 하지만, 말 그대로 '지어내지 않는다'는 것일 뿐, 공자가 많은 자료를 수집·정리하고, 그 결과물이 각종 경서에 반영된 것은 부인할 수 없는 사실이라 할 것입니다.

그는 '날 때부터 알고 있는 사람이 아니라 옛것을 좋아하여 부지런히 탐구한 사람 我非生而知之者 好古敏以求之者아비생이지지자 호고민이구지자 〈술이 편〉'이었고, 단 번에 깨친 사람이 아니라 '많이 듣고(多聞) 많이 보아(多見)' 깨달음에 이른 사람입니다.

위대한 교사

배우는 일은 자연스럽게 가르치는 일로 연결되었습니다. 진리는 그 자체로 강한 자기복제성, 전파성을 갖습니다. 배우는 일이 곧 가르치는 일이고, 가르치는 일이 곧 배우는 일이기도 합니다.

특히 공자는 무너져가는 주나라 봉건질서를 새롭게 재건하려는 강한 정치적 열망을 가지고 있었고 이를 실현할 세력이 필요했습니다. 자연히 존비, 귀천에 얽매이지 않고 널리 제자를 받아들이고 가르치기를 게을리 하지 않았습니다.

'가르침에는 차별이 없다. 〈위영공 편〉'

'속수(포육의 묶음)의 예물 이상을 갖춘 사람이라면 나는 일찍이 가르쳐주지 않은 적이 없었다. 〈술이편〉'

'네가 아는 것이 있는가? 아는 것이 없다. 그러나 비천한 사람이라도 내게 묻는다면 그가 아무리 무지할지라도 나는 처음부터 끝까지 성의를 다해 가르쳐 줄 것이다. 〈자한편〉'

'묵묵히 새기고 배움에 싫증내지 않으며, 남을 가르치기에 게을리 하지 않으니, 나에게 무슨 문제가 있겠는가. 〈술이편〉'

자연히 많은 사람들이 그에게 찾아와 배움을 청했습니다. 제자들 중에는 통상적인 사민士民 계층뿐 아니라 귀족(맹의자, 남궁경숙, 사마우), 상인(자공), 건달(자로), 범죄자(공야장), 외국인(자공, 자하, 자장, 자유, 사마우)도 있었습니다. 그야말로 '유붕이 자원방래'한 것입니다. 이처럼 많은 제자들이 가깝고 먼 곳에서 찾아와 함께 학문과 도, 정치를 논하니 기쁘지 않을 까닭이 없었습니다.
그렇게 해서 공자를 정점으로 하는 중국 최초의 사학私學 집단이 만들어졌습니다. 공자 이전에도 학교(국학, 향학, 벽옹, 반궁)가 없지는 않았으나 전부 국가가 관리하는 것이었고, 귀족의 자제들에게만 교육이 허락되었습니다. 그러나 공자는 서민, 천인에게까지 교육의 기회를 확대하였고, 그 결과 공자문하에서 공문십철孔門十

^晳을 포함하여 다수의 뛰어난 제자가 배출되었습니다.

증삼과 자사(공급), 자사 문하의 맹자로 학맥이 이어지면서 유학의 경전인 사서체계-《논어》, 《맹자》, 《중용》, 《대학》-가 완성되었고, 이후 유가는 수천 년 동안 명맥을 이어가면서 스승 공자의 뜻을 드높였습니다. 학자, 교육자로서의 그의 삶은 분명 성공했고, 기쁘고 즐거웠습니다.

정치적 부침과 실패

학문과 교육에서의 성공이 정치적 성공을 보장하는 것은 아니었습니다. 냉정하게 말해서 현실 정치인으로서의 공자는 실패했고, 그의 정치적 이상은 실현되지 못하였습니다.

젊어서는 창고지기(위리), 축사관리자(승전)와 같은 미관말직에 머물렀습니다. 쉰이 넘은 나이에 대부 이상의 대우를 받았지만 정치적 영향력은 크지 않았고 그것도 2~3년의 극히 짧은 기간에 불과하였습니다. 대체로 실권 없는 원로지식인 정도의 대접을 받았다고 보는 것이 직절힙니다. 맹지도 '공자는 사구의 직에 있었으나 중용되지는 못했다'고 기술하고 있습니다.

나머지 공자의 인생 대부분은 자신의 진가를 알아줄 어진 군주를 기다리는 끝없는 인내의 시간이었습니다.

'남이 나를 알아주지 않는 것을 걱정하지 말고 내가 남을 알지 못함을 걱정해야 한다. 〈술이 편〉'

'벼슬자리 없는 것을 걱정할 것이 아니라 벼슬자리에 설 능력이 없는 것을 걱정할 것이며, 자기를 알아주지 않는 것을 걱정할 것이 아니라 남이 알아주게 되도록 힘쓸 것이다. 〈이인 편〉'

'남이 나를 알아주지 않는 것을 걱정하지 말고, 내가 능력이 없는 것을 걱정하라. 〈헌문 편〉'

'군자는 자기가 재능이 없는 것을 괴로워하지만 남이 자기를 알아주지 않는 것을 괴로워하지 않는다. 〈위영공 편〉'

공자는 이렇게 같은 말을 수없이 반복하고 있는데, 이는 타인(제자)을 향한 것이 아니라 실은 자기 자신을 향한 말이었습니다. 앞서 말한 것처럼 《논어》는 죽간이나 목간에 기록한 책이고, 그만큼 한 글자 한 글자 취사선택하여 쓸 필요가 있었습니다. 그럼에도 이처럼 같은 말이 수회 반복된다는 것은 그만큼 공자가 이 말을 여러 차례, 많은 제자들에게 했다는 것을 반증합니다. 자신의 가치를 알아주지 못하는 세상에 대한 공자의 원망과 괴로움이 얼마나 컸고, 이를 다독이고 삭이기 위해 공자가 얼마나 노력했는지를 역설적으로 표현한 것이라 할 수 있습니다.

공자는 어진 군주를 기다리는 것에 만족하지 않고 마침내 스스로 찾아나서는 길을 택합니다. 제자들을 이끌고 장장 14년간을 춘추 각국(위, 진, 조, 송, 정, 채, 초 등)을 유랑한 것입니다.

공자의 주유천하는 즐거운 여행길이 아니라 생사의 고비를 넘고 굶주림, 병마와 싸우는 고난의 행군이었고, 그 때문에 따르는 제자들의 불평, 불만도 적지 않았습니다.

공자와 자로의 대화는 그와 같은 사정을 잘 보여줍니다. 공자 일행이 진(陳)나라에 있을 때 식량은 떨어지고 따르던 사람들은 병들어 일어나지를 못하자 성미 급한 자로가 공자에게 따집니다. 자로는 공자로부터 '하늘이 얼마나 총애하셨으면 용맹을 주고도 모자라 또 용맹을 보태주셨겠느냐'는 칭찬 아닌 칭찬을 들은 인물입니다.

"군자도 곤궁해질 때가 있습니까."

그러자 공자가 자로를 꾸짖습니다.

"군자는 곤궁할 때도 자신을 굳게 지키지만 소인은 곤궁하게 되면 함부로 행동한다. 〈위영공 편〉"

말은 그렇게 했지만 공자가 느꼈을 비애, 자괴감이 얼마나 컸을지 능히 짐작할 수 있습니다. 더욱이 자로는 누구보다 공자의 마음을 잘 아는 공자의 초기 제자, 최측근이었습니다.

그러나 이 모든 노력에도 불구하고 그의 비전과 정책을 채택하겠다는 군주는 끝내 나타나지 않았고, 70을 바라보는 노년의 공자는 쓸쓸히 고국인 노나라로 돌아와 제자들을 가르치다 여생을 마칩니다.

역사에 가정은 없는 것이지만 만약 공자가 당대에 크게 등용되어 그의 뜻을 맘껏 펼칠 수 있었다면 어땠을까요? 불행히도 그리 높은 점수를 받지는 못했을 것입니다. 정치노선은 시대의 흐름과 달랐고, 접근방법은 이상적이었습니다. 부국강병과 중앙집권적 통일국가를 지향하는 현실의 도도한 흐름을 막을 수 없었습니다. 왕건문은 '공자 최후의 20년'에서 이렇게 말합니다.

'관중이나 자산 같은 이가 또 한 명 등장했겠지만 천추만세에 영향을 끼친 공자는 존재하지 않았을 것이다. 아마도 공자는 관중과 자산만큼도 못했을 것이다.'

그러나 세상에 공짜는 없습니다. 하나를 잃으면 하나를 얻으며, 축복은 왕왕 불행의 얼굴을 하고 찾아옵니다. 어쩌면 현실정치에서 실패했기 때문에 오히려 오늘날의 공자가 존재하는 것인지도 모릅니다. 정치적으로 소모되는 대신 학문과 수양, 교육에 투자할 수 있었기 때문에 역사적으로 성공할 수 있었던 것입니다. 그 결과 그가 창시한 유학은 수천 년 동안 동아시아인의 삶과 정신세계를 지배하게 되었으며, 아울러 학문을 숭상하고 교육과 문화를 중시하는 전통도 강한 뿌리를 내리게 되었습니다.

"하늘이 이 세상에 공자를 나게 하지 않았다면, 만고의 길고 긴 세월이 모두 밤과 같이 어두웠을 것이요. 天不生孔子 萬古如長夜천불생공자 만고여장야"

"아, 그러면 공자가 태어나기 전 복희씨나 그 이전 성인들은 대낮에도 종이를 태우고 촛불을 밝히고 다녀야 했겠소!"

《공자의 천하, 중국을 뒤흔든 자유인 이탁오》

5장

—

만들어져가는
'위대함'

인간 공자

공자는 매우 솔직한 사람이었습니다. 타고난 성품 때문인지, 의식적인 노력의 결과 그렇게 된 것인지는 분명하지 않습니다. 아마도 두 가지 요인이 모두 작용했다고 보는 것이 타당할 것입니다. 그는 말합니다.

"사람의 삶은 정직해야 한다. 정직하지 않게 사는 것은 요행히 화를 면하고 있을 뿐이다. 人之生也直罔之生也幸而免 인지생야직 망지 생야 행이면 〈옹야 편〉"

"나는 아무것도 감추는 것이 없다. 吾無隱乎爾 오무은호이 〈술이 편〉"

"원한을 감추고 그 사람과 벗하는 것을 …나 또한 부끄러워 한
다. 匿怨而友其人丘亦恥之익원이우기인 구역치지 〈공야장 편〉"

그래서인지 《논어》에는 자신의 감정을 가감 없이 드러내는 인
간 공자의 모습이 곳곳에서 발견됩니다. 어쩌면 '언행록'이라는
《논어》의 특성 때문에 그렇게 보이는 측면도 있을 것입니다. 사
람은 누구나 생로병사와 희로애락을 겪기 마련이니 평생 동안 한
번도 울지 않고, 화를 내지 않는 공자를 상상할 수는 없기 때문입
니다.

낮잠 자는 제자 재여를 발견하고는 "썩은 나무로는 조각을 할
수가 없고, 더러운 흙으로 쌓은 담은 회칠을 할 수가 없다 〈공야
장 편〉"고 화를 내는가 하면, "(성인의 징조인) 봉황새도 오지 않고,
황하에서 그림판도 나오지 않으니, 나는 다 틀렸나 보다 〈자한 편〉"
고 한탄을 합니다.

애제자 안연이 죽자 통곡을 하고, 통곡이 지나치다는 말에는
"이 사람을 위해 통곡하지 않으면 누구를 위해 통곡하겠는가 〈선
진 편〉" 반박을 하고, 제자 언(자유)이 작은 마을을 다스리면서 예악
(禮樂)을 사용하자 '닭 잡는데 어찌 소 잡는 칼을 쓰느냐'고 놀리
다가, 이렇게 둘러대기도 합니다.

"제자들아, 언의 말이 옳다. 내가 먼저 한 말은 농담이었다 〈양

그야말로 울고, 웃고, 화내고, 농담하는 보통 사람의 모습 그
대로입니다. 그 뿐이 아닙니다. 〈헌문 편〉에는 노년의 공자가 원
양이라는 인물(친구)의 정강이를 때리고는 "어릴 때는 공손하지
않았고, 자라서는 내세울만한 일을 한 것이 없고, 늙어서 죽지도
않고 있으니, 이것이 바로 해로운 존재다"고 비난하는 장면도 나
옵니다.

고기를 좋아했고, 술도 무척 많이 마셨으며(惟酒無量유주무량 〈향
당 편〉), 벼슬자리에 있을 때 대부 소정묘나 제나라의 광대 주유
를 주살하였다는 이야기도 야사에 전합니다(협곡회맹 사건).

왜곡의 시작

그런데 후대로 내려오면서 이런 인간 공자의 모습은 점차 사라지고 그 자리를 권위와 신화가 대신합니다. 그 어떤 오류나 한계가 있을 수 없는 전지전능한 절대성인의 지위로 격상된 것입니다.

'공자님이 재여(재아)를 혹독하게 나무란 것은 재여가 그냥 낮잠을 잔 것이 아니라 아예 이불을 깔고 누워 여자와 동침을 했기 때문'이라거나, '원양은 제 어머니의 관 위에서 날 뛰고 노래를 부르던 천하의 망나니'라고 해석합니다.

그러다보니 더 심각한 문제가 발생합니다. 실제의 공자와 전혀 다른 공자가 탄생하는 것입니다.

〈공야장 편〉에 다음과 같은 자공의 말이 나옵니다.

"공자께서 문장에 대해 하는 말씀은 들을 수 있었으나, 사람의 본성이나 천도天道에 대해 하는 말씀은 듣지 못하였다."

공자는 합리적 이성으로 해명되지 않고 실증할 수도 없는 그런 형이상학적인 문제에는 별 다른 관심을 두지 않았습니다. 실사구시, 하학상달下學上達의 자세를 견지한 사람이 공자입니다. 실제의 일에서 옳음을 추구하고 아래(세속의 일상적인 일)로부터 배워 위(천리, 심오한 도덕)로 통달해간 것입니다. 진정한 도道는 높고 먼(고원高遠) 데 있지 않고 낮고 가까운(비근卑近) 일상의 삶 속에 있다고 생각하였습니다. 그가 진리를 설파하는 방식은 이렇습니다.

'그 곳을 깊이 파면 단 샘물이 솟아난다. 거기에 심기만 하면 오곡이 무성해지고, 풀과 나무가 자라나며, 새와 짐승이 거기서 생육된다. 살아 있는 것들은 그 위에 서있고 죽으면 그 속으로 들어간다. 그 공로는 많으나 은덕을 내세우지 않는다. 남보다 몸가짐을 낮게 하는 사람은 마치 땅과 같다.'

그런데 무리한 신성화의 결과 전혀 다른 공자가 등장하고 맙니다.

'전지전능한 공자님이 사람의 본성이나 천도에 대해서 모르거나 말하지 않은 것은 아니다. 다만 자공의 수준이 그에 미치지 못하고 관심이 없어서 말하지 않았을 뿐이다.'

이와 같은 왜곡은 곳곳에서 발견됩니다. 공자는 현존하는 인간의 삶의 문제에 천착하였고 내세니 영혼이니 하는 문제에 주목하지 않았습니다. 그런 점에서 공자는 철저한 현세주의자現世主義者입니다. 공자가 예수나 석가와 구별되는 점이 여기에 있고, 유교가 기독교나 불교와 다른 점이 여기에 있습니다.

자로와 공자의 대화는 공자의 그런 현세중심적 가치관을 여실히 보여줍니다. 자로가 귀신의 일과 죽음에 대해서 묻자 공자는 말합니다.

"사람도 능히 섬기지 못하는데 어찌 귀신을 섬길 수 있겠는가?"

"삶도 아직 모르는데 어찌 죽음을 알겠는가? 未知生 焉知死미지생언지사 〈선진 편〉"

그런데 공자의 애제자들은 이를 이렇게 바꿔놓습니다.

'공자님은 사람과 귀신, 생과 사에 모두 통달했다. 자로는 입문

入門하여 마루까지는 올랐으나(승당升堂), 아직 입실入室하지 못한 사람이기에 더 높은 경지에 대해서는 알려주지 않았던 것이다.'

　말하자면 겨우 '인을 구하는 구인求仁' 단계에 있는 자로에게 '인이 편안한 안인安仁' 경지에 있는 공자가 모든 것을 말해줄 수는 없었다는 것입니다.

　이처럼 공자가 절대무오류의 성인으로 격상된 결과 공자는 본연의 모습을 잃게 되었고, 그의 가르침은 교조화되고 유교는 답습과 정체, 배타성의 깊은 늪에 빠지게 됩니다. 공자가 이미 다 해명해놓았으니 그저 문구의 해석에나 매달리면 되었고 일체의 비판, 혁신을 용납하지 않는 사상 풍토가 조성된 것입니다.

공자는 성인이라 말하지 않았다

위대한 족적을 남긴 인물, 지혜와 덕이 뛰어나 길이 우러러 본받을 만한 사람을 성인聖人이라 부릅니다. 그런 기준에서 보면 공자는 성인임이 분명합니다.

공자가 이룩한 성취는 보통사람들은 엄두도 내지 못 할 만큼 비범한 것입니다. 공자의 노력이 없었다면 중국 상고사와 선진先秦시대의 상당 부분은 아직도 미지의 세계로 남아 있었을 것입니다. 그는 흩어져 있던 문학, 역사, 철학, 인물, 정치, 음악, 예법에 관한 자료를 수집하고 이를 정리하여 중국 상고사와 춘추시대의 뼈대와 줄기를 완성하였습니다. 수천 년 동안 동양인의 삶과 정신을 지배한 유학을 창시하였고, 수많은 제자를 가르쳤습니다.

뿐만 아니라 그의 인仁사상, 덕치와 예치禮治의 정신, 인간의 발전가능성에 대한 믿음, 교육과 문화주의, 다름 속에서의 조화의 추구는 시대를 초월하여 오늘날에도 여전히 강력한 메시지를 전달하고 있습니다.

그러나 공자가 성인이라는 것이 그가 전지전능하거나 그 어떤 오류나 결점이 있을 수 없는 절대적 존재라는 것을 의미하는 것은 아닙니다. 공자의 성취가 놀라운 것은 그가 보통 사람으로서 각고의 노력으로 그것을 성취하였고, 인간적인 약점과 한계를 그대로 간직한 채 부단한 수양을 통해 점차 성인의 길로 나아갔다는 것입니다. 그는 예수처럼 기적을 행하지도 못했고, 부처처럼 극도의 고행을 자청하지도 않았으며, 소크라테스처럼 진리를 위해 목숨을 내놓지도 않았습니다. 철저히 인간의 길을 걸었고 인간의 삶을 살았습니다.

어쩌면 공자의 참된 가치가 여기에 있습니다. 보통사람도 노력 여하에 따라 얼마든지 온전한 인격에 도달할 수 있다는 것, 인간의 무한한 발전가능성을 몸소 보여준 것입니다.

생전에 공자는 자신을 성인이나 어진 사람이라고 여기지 않았고, 다만 성인을 닮고자 하는 사람, 인인仁人의 도를 행하기를 싫어하지 않는 사람으로 자평하였습니다.

"학문에 있어서는 나도 남과 같을 수 있겠지만, 군자의 도를 실천함에 있어서는 나는 아직 멀었다. 〈술이편〉"

"성인聖人과 인인仁人이라고 내가 어찌 감히 할 수 있겠느냐? 그러나 성인과 인인의 도를 행하는 것을 싫어하지 않고 남을 가르치는 것을 게을리 하지 않았다고 말할 수는 있을 것이다. 〈술이편〉"

공자가 다시 살아나서 절대 성인으로 칭송되고 숭배의 대상이 된 자신의 모습을 보았다면 오히려 매우 낯설게 느꼈을지도 모릅니다.

공자는 혁명가인가

공자에 대한 정치적 평가는 사람마다 또 시대에 따라 다릅니다. 보수주의자로 보는 견해가 있는가 하면 진보주의자로 보는 견해도 있고, 보수가 주고 진보가 부차적이라거나 진보가 주고 보수가 부차적이라고 보는 견해도 있습니다.

진보주의자로 보는 견해 중에는 더러 공자를 귀족지배체제의 전복을 꿈꾼 혁명가나 노예해방론자로 보는 사람들도 있습니다. 강유위나 곽말약과 같은 사람이 그와 같은데 그런 생각이 전혀 근거가 없었던 것은 아닙니다.

앞서 본 것처럼 공자는 다수의 제자를 거느리고 일정한 세력을 형성하고 있었고 무리 중에는 외국인, 하층계급, 전과자도 있었습니다. 필힐이나 공산불요와 같은 가신출신의 반란자들과 교류하고자 했으며, 14년간 국경을 넘나들며 주유하였습니다. 언뜻 보아도 불순한 재야집단의 우두머리처럼 보입니다.

공자의 핵심가치인 인仁사상도 공자를 진보사상가로 해석할 여지를 줍니다. 제자 번지가 인에 대해서 물어보자,

"사람을 사랑하는 것이다. 〈안연 편〉"

고 하였고, 자공이 '백성들에게 널리 은혜를 베풀고 많은 사람들을 구제해줄 수 있는 사람이 있다면 어떻습니까? 인하다고 할수 있습니까?' 하고 묻자,

"인하다 뿐이겠는가? 틀림없이 성인일 것이다. 요순임금조차도 그렇게 하지 못함을 괴로워했던 것이다."

고 말했습니다.

신분질서가 엄연한 시대에 '사람을 사랑하고(愛人애인) 널리 베풀고 백성을 구제하는 것(博施濟衆박시제중)'을 인이라 하였으니 공자의 사상이 진보적으로 해석되는 것도 무리는 아닙니다. 그는 '적은 것을 걱정하지 않고 고르지 않은 것을 걱정한다 不患寡而患不均불환과이환불균 〈계씨 편〉'고 하였고, 자하의 입을 통해서 '온 세상

사람들이 모두 내 형제다 四海之內皆兄弟也사해지내 개형제야 〈안연 편〉'라고 선언하기도 하였습니다.

그러나 공자를 혁명가, 노예해방론자로 보는 시각은 공자의 진면목과는 거리가 있습니다. 그는 '자리가 바르지 않으면 앉지 않은 席不正不坐석부정부좌' 사람이고, '고기 썬 것이 반듯하지 않으면 먹지 않은 割不正不食할부정불식 〈향당 편〉' 사람입니다. '옛 것을 믿고 좋아한다 信而好古신이호고 〈술이 편〉'고 했고, '나는 주나라를 따르겠다 吾從周오종주 〈팔일 편〉'고 했으며, '그 자리에 있지 않으면 그 정사를 도모하지 마라 不在其位 不謀其政부재기위 불모기정 〈태백 편〉'고 한 인물입니다. 어느 모로 보나 반역자, 혁명가와는 거리가 먼 태도, 가치관을 가진 인물입니다. 〈술이 편〉에는

"공자는 괴이한 것, 무력, 어지러움, 귀신에 대한 것은 말하지 않으셨다. 子不語怪力亂神자불어괴력난신"

고 기록되어 있는데, 혁명이나 해방은 필연적으로 무력, 전쟁, 소요, 혼란을 동반하는 일입니다. 공자는 오히려 그 반대 가치인 범상한 것, 덕, 질서, 인간을 숭상하였습니다.

공자는 보수주의자인가

   그렇다면 공자를 보수주의자로 규정하는 것은 어떨까요? 공자를 보수꼴통, 사회적 퇴보와 침체의 원흉으로 보고 문화대혁명 때처럼 그의 사당을 허물고 책을 불태우는 것이 정당한 역사해석일까요?

   당대의 정치현실에서 공자가 일견 보수적 정치노선을 택한 것은 사실입니다. 그는 몰락해가는 주나라 봉건체제를 다시 세우려 하였고, 지배층과 피지배층의 위계적 신분질서와 예禮와 법法으로 대별되는 이원적 규범을 인정하였습니다. 반면에 법가와 묵가로 명명되는 새로운 세력들은 봉건체제를 극복하고 중앙집권적 통일국가를 실현하고자 하였으며, 법에 의한 전일적 지배와 평등을 지향하였습니다.

그러나 공자가 만연히 과거체제로 회귀하고자 한 것은 아닙니다. 표방하는 형식은 비록 과거의 것이었으나 그 내용은 전혀 새로운 것이었습니다. 공자는 봉건귀족의 지배를 군자君子에 의한 통치로 대체하고자 하였습니다. 어질고 유능한 선비들이 대거 정치에 진출해서 귀족 지배계급을 견인하여 궁극적으로 인치仁治와 평화를 실현하고자 하였습니다. 신분에 의한 통치가 지배하는 사회에서 능력에 의한 통치를 꿈꾸었다는 점에서 분명 공자는 이상적이고 개혁적입니다.

그는 미천한 신분(얼룩소의 새끼)이었던 제자 중궁에 대해서

"옹은 임금 노릇을 할 만 하다. 雍也可使南面옹야 가사남면 〈옹야 편〉"

고 당시로서는 매우 파격적이고, 신분질서를 부정하는 듯한 발언을 하기도 하였고, 제자 자로에게 이렇게 말하기도 하였습니다.

"천하에 도가 있다면 내가 바꾸려 하지 않았을 것이다. 天下有道 丘不與易也천하유도 구불여역야 〈미자 편〉"

그는 인간의 발전가능성을 확신하였으며, 교육을 중시하고 문화의 힘을 믿었습니다. 전쟁이 아니라 평화를, 패권이 아니라 공

존을 추구하였습니다. 분권과 협치를 통해 사랑과 덕이 넘치는 나라를 만들고자 하였습니다. 긴 역사의 시각으로 보면 공자는 더더욱 보수주의자가 아닙니다.

평화주의자

〈술이 편〉의 '子不語怪力亂神_{자불어괴력난신}'은 공자의 가치관을 이해하는 핵심 키워드입니다. 뜻 그대로 공자는 괴이한 것, 폭력, 어지러움, 귀신에 대해서는 말하지 않았습니다. 말하지 않았다는 것은 단순히 관심이 없었다는 것을 넘어 인정하지 않았다, 반대하였다는 의미도 갖습니다.

물론 '괴력난신'을 괴, 력, 난, 신의 네 가지 범주로 이해하는 일반적 견해와 달리, 이를 괴력_{怪力}과 난신_{亂神}의 두 가지 범주로 풀이하는 사람도 있습니다. 그들에 따르면 공자는 '괴이한 힘'이나 '어지러운 신'을 인정하지 않는 형이하학론자입니다. 그러나 공자는 그에 더해 폭력이 아니라 평화를, 혼란이 아니라 질서를 아울러 숭상한 인물입니다. 공자는 예禮를 무척 중시하였는데, 예란 다른 말로 곧 질서이며, 〈술이 편〉은 "공자께서 조심한 일은 …전쟁…이었다 子之所愼 齊戰疾자지소신 제전질"고 기록하고 있습니다.

공자가 아래로부터의 혁명, 봉건체제와 신분질서의 급격히 변경을 꾀하지 않은 이유도 거기서 찾을 수 있습니다. 아무런 준비나 승산도 없이 신분질서의 급격한 변동을 꾀하는 것은 혼란과 무질서, 유혈을 초래할 뿐이었습니다. 춘추 각국이 부국강병에 몰두하고, 물리력으로 중앙집권적 국가를 실현하려 할 경우 겸병전쟁은 더욱 가열될 것이 분명하였습니다.

공자는 대신 사람을 바꾸고 생각을 바꾸는 것으로 이를 평화적, 근원적으로 개혁하려 하였습니다. 어질고 유능한 사람들로 정치의 주체를 바꾸기 위해 군주를 비롯한 기존 지배층을 교화하는 한편 사민계층을 교육하여 정치에 투입하고자 하였습니다.

공자가 다수의 군주, 지배층과의 토론을 불사한 이유도 여기에 있습니다. 공자가 군주나 귀족과 나눈 대화에 대해 크릴은 '공자를 고문하여 죽이는 것쯤은 파리 한 마리를 죽이는 정도의 양심의 가책밖에 느끼지 않을 사람들에게 맞대놓고 그들의 범죄행위 및 약점을 통렬하게 비난한 것'이라고 보았습니다.

정치의 주체를 바꾸려는 그의 생각은 당대에는 실현되지 못하였습니다. 그러나 불과 수 세기 안에 인재선발을 위한 과거제도가 시행되고, 이들 관료에 의한 통치가 정착되면서 일정부분 실현되었습니다.

충과 효의 본래 의미

공자가 맹목적인 충, 효를 강조하였고, 그 때문에 권위적이고 가부장적인 문화가 오랫동안 동양사회를 지배하게 되었다는 생각도 사실과 다릅니다.

앞서 본 대로 충은 본래 '집중된 마음'이고 '자기를 다하는 것'입니다. 충이 '나라나 군주에 대한 충성'으로 협소하게 이해된 것은 유학이 국교로 지정되고 통치이데올로기로 기능한 한漢나라 이후입니다. 한 무제 이래로 유학이 국가의 강력한 보호와 지원을 받게 되면서 유학은 점차 통치 권력에 순응하게 되었고 백성을 통제하는 도구로 기능하게 된 것입니다.

공자는 충忠을 맹목적인 것으로 생각하지 않았으며, 계약적이고 조건적인 것으로 이해하였습니다.

"임금은 신하를 예로써 부리고 신하는 임금을 충으로써 섬긴다. 君使臣以禮臣事君以忠군사신이례 신사군이충 〈팔일 편〉"

고 말했습니다. 예와 충을 상호 대가관계로 본 것입니다. 군주를 섬김에 있어서도 "속이지 말고 차라리 대들라 勿欺也 而犯之 물기야 이범지 〈헌문 편〉"고 했으며, 그래도 안 되면 '숨으라 無道則隱무도즉은 〈태백 편〉'고 했습니다. '충성한다고 하면서 깨우쳐주지 않을 수 있겠는가 忠焉 能勿誨乎충언능물회호 〈헌문 편〉'라고 하였고 '도로써 임금을 섬기고 불가능하면 그만둔다 以道事君 不可則止이도사군 불가즉지 〈선진 편〉'라고 했습니다. 공자의 삶 자체가 어진 군주를 찾아 '간諫하고 떠나기'를 반복하는 것이었습니다.

후대의 순자는 아예 '명을 따르면서 임금을 이익 되게 하지 못하는 것을 (아)첨이라고 하고, 명을 거역하면서 임금을 이익 되게하는 것을 충이라 한다'고 하였습니다.

효에 대해서도 마찬가지입니다. 공자는 충과 달리 효를 천륜에속하는 것, 비계약적이고 비대가적인 것으로 보았으나 그렇다고무조건적이고 맹목적인 효를 강요하지 않았습니다.

"공손하게 (그러나) 간하라. 幾諫기간 〈이인 편〉"

고 하였고, 그래도 안 될 경우에는 군주를 대하는 것과 달리 "범하지 말고 차라리 숨기라"고 하였습니다. 효를 단지 소극적인 의무가 아니라 적극적인 수기의 일환, 인격적 완성을 위한 덕목으로 보았습니다.

순자도 '(부모의) 명령을 따르면 부모가 위태롭게 되고, 욕을 당하게 되고, 금수같이 되는 경우에는 따르지 않는 것이 효'이고, '명령을 따를 수 있는데도 따르지 않는 것은 자식의 도리가 아니요, 따라서는 안 될 때 따르는 것은 참된 마음이 아니다'고 하였습니다.

실학의 정신

유학에 탁상공론이나 공리공담의 혐의를 씌우는 것도 그릇된 편견의 하나입니다. 학문이 실제 생활에 유용하여야 한다는 취지의 실학 정신은 사실 초기 유학의 기본적인 성격이었습니다.

《논어》는 한마디로 '수기안인修己安人에 관한 책'이라 할 것인데 수기와 안인 모두 실제 생활에 반드시 필요한 덕목이자 가치입니다. 다산은 '군자의 학은 수신修身이 절반이요, 목민牧民이 나머지 절반'이라고 말한 바 있는데, 《논어》야말로 수신이 절반이고 목민이 절반인 책입니다. 《논어》에 등장하는 공자의 말씀 중에는 공리공담이나 형이상학에 관한 논의가 전혀 없습니다.

공자는 현실에서의 실천, 행동을 무엇보다 강조하여

"군자는 말이 행동보다 지나친 것을 부끄러워 한다. 君子恥其言而過其行군자치기언이과기행 〈헌문 편〉"

고 하였고,

"먼저 행하고 이후에 말하라. 先行其言 而後從之선행기언 이후종지 〈위정 편〉"

고 하였는데, 이는 공자사상의 실학성을 여실히 보여줍니다.

유학이 이와 같은 초기의 건강성과 실용성을 잃고 형이상학으로 치달은 것은 송나라 때 주자학(성리학, 도학)이 성립되면서부터입니다. 당시 유가들은 융성하는 도가, 불가에 대항하기 위해 초기 유학에 없던 인간의 본성, 생과 사, 우주의 근본원리 등을 체계 내로 끌어들였고, 그러다보니 본래의 색깔을 잃고 공허한 관념론으로 변모하게 된 것입니다.

주자학은 초기 유학과 너무나 동떨어지고 변질된 것이어서 종당에는 '공자도 알아보지 못할 지경'이 되었고, 선교사 마테오리치는 '이것은 공자가 아니다'고 선언하기도 하였습니다. 청나라의 최술이 지은 《논어여설》에는 공리공담에 매몰된 후기 유학(주자학)을 불가에 빗대 다음과 같이 풍자하는 이야기가 실려 있습니다.

어떤 선비가 절에 놀러갔는데, 절의 주지는 그를 보고 아는 체도 하지 않았다.

그런데 어느 날 고을의 태수가 찾아오자 스님은 바로 일어나 태수를 공손히 맞이했다. 선비가 태수의 권세 때문에 일어난 것 아니냐고 따지자, 스님은 "일어나는 것이 일어나지 않는 것이고, 일어나지 않는 것이 일어나는 것이다"고 말했다.

그러자 선비는 몽둥이를 쥐고 스님을 때리면서 말했다. "때린 것이 때리지 않은 것이고, 때리지 않은 것이 때린 것이다."

유가를 넘어

유가의 기원에 대해서는 여러 가지 설이 있습니다. '儒'에 '雨'자가 들어 있는 것을 근거로 '기우제를 지내던 무축巫祝의 무리'라는 사람도 있고, '장례지도사'처럼 '남의 예식을 돌봐주고 먹고 살던 사람들'이라고 보기도 합니다.

더러는 '관학官學의 교사출신들'이나 '주왕실의 전직 관료들'이라고 보기도 하는데 이들은 '儒'는 부드러울 유柔 즉 문文을 의미한다고 봅니다. 주나라 왕실이 쇠락하자 일자리를 잃은 관료들, 교사들이 대거 민간으로 내려와서 유가의 뿌리를 형성하게 되었다는 것입니다. 공자가 유학의 태두로 추존된 이후에는 통상 공자의 사상을 따르고 실천하는 사람들을 가리켜 유가라고 칭합니다.

그런데 실상 공자는 '儒'라는 말을 거의 사용하지 않습니다. 《논어》에는 '儒'라는 말이 한 번 나오는데 공자가 제자 자하에게 '소인유小人儒가 되지 말고 군자유君子儒가 되라'고 말하는 대목이 그 것입니다. 반면에 도가풍의 공자의 모습이 심심치 않게 등장하는데, 그는

"거친 밥을 먹고 물을 마시고 팔베개를 하고 살아도 즐거움은 또한 그 가운데 있는 것이다. 의롭지 않은 부와 귀는 나에게는 뜬 구름과 같은 것이다. 〈술이편〉"

고 되뇌이는가 하면, 제자 증석(점)의

"늦은 봄에 봄옷이 만들어지면 어른 대여섯 명, 아이들 예닐곱 명과 함께 기수에서 목욕하고 무우에서 바람을 쐬이고 노래를 읊조리며 돌아오겠다. 〈선진편〉"

는 말에 찬동합니다. 그 밖에도 초나라 광인 접여, 장저와 걸익, 하조장인과 같은 도인들 이야기도 《논어》 곳곳에 수록되어 있습니다.

대체로 당시 풍미하던 도가사상이 공자의 제자들, 《논어》의 편집자들을 통해 부적절하게 《논어》에 투영된 것이라고 해석합니

다. 그러나 제자들이 임의로 도가사상을 수용하고 공자를 도가처럼 묘사하였다는 것은 수긍하기 어렵습니다. 오히려 공자에게 도가로서의 면모도 없지 않았고, 그와 같은 공자의 또 다른 측면이 《논어》에 일정부분 반영되었다고 보는 것이 더 합리적입니다. 공자는 백이·숙제·우중·이일·주장·유하혜·소련 등 숨어사는 현자를 언급하면서 '가하다는 것도 없고 불가하다는 것도 없다 無可無不可무가무불가 〈미자 편〉'고 말하기도 하였습니다.

공자는 진리를 추구함에 있어 아집이나 선입견, 도그마 같은 것이 없는 사람이었습니다. 큰 산이 흙을 가리지 않고 대해大海가 물을 가리지 않는 것처럼 열린 자세, 낮은 마음으로 배우고 수용했습니다. 〈자한 편〉에는 다음과 같은 말이 나옵니다.

"공자는 네 가지가 없으셨다. 억지가 없고 반드시가 없고, 완고함이 없고, 자기가 없으셨다. 子絶四 毋意毋必毋固毋我자절사 무의무필 무고 무아"

그리고 보면 공자의 진짜 제자는 맹자, 순자가 아니라 장자라는 말도 새겨볼 필요가 있습니다. '쓰이면 행하고 버리면 감추고 用之則行舍之則藏용지즉행 사지즉장' '도가 있으면 드러내고 도가 없으면 숨는 有道則見 無道則隱유도즉현 무도즉은' 유가의 오랜 전통도 나름의 뿌리가 있었다고 할 것입니다.

《장자》의 여러 장면 속에는 망인의忘仁義, 망예악忘禮樂, 좌망坐忘, 망아忘我, 무위無爲를 이야기 하는 조금은 낯선 그러나 또 다른 공자의 모습이 들어 있습니다.

부모님 나를 낳으시어 어이해 내 마음 병들게 하셨나. 보다 먼저 낳든지 보다
뒤에 낳든지 하지 않으시고.

《시경》

6장

춘추·전국시대에서
무엇을 보았을까

춘추·전국시대

　사람과 사상은 모두 시대의 산물입니다. 따라서 어떤 사람과 그의 생각을 제대로 알기 위해서는 시대에 대한 이해가 병행되어야 합니다.

　공자는 잘 알다시피 중국 춘추春秋시대 사람입니다. 천자天子의 나라인 주周나라 왕실이 쇠락하고 제후국들이 다투어 서로 경쟁하고 전쟁을 벌이던 혼란의 시대였습니다.

　본래 봄과 가을을 뜻하는 '春秋'는 군웅할거나 전쟁과는 관련이 없는 말입니다. 사람의 나이를 뜻하기도 하고 대개는 세월, 역사를 가리키는 용어인데, 이 시기를 춘추시대라고 칭한 것은 공자가 당대에 편찬한 것으로 알려진 역사서의 이름이 《춘추》였기 때문입니다.

춘추시대는 주나라 왕실의 권위가 1차로 땅에 떨어진 기원전 770년경 시작합니다. 주나라 유왕이 서융의 침공으로 수도(호경) 부근에서 죽고 그 뒤를 이은 평왕이 동쪽 낙읍(낙양)으로 천도한 것입니다. 그 전을 서주시대, 이후를 동주시대라 부르는데 하여간 주왕실의 체면이 크게 손상되었습니다.

이렇게 시작한 춘추시대는 전국시대가 개막한 403년경 막을 내립니다. 이때 주나라 왕실은 또 한번 치욕을 겪는데, 명목뿐인 주나라 천자가 진晉나라 3대부(한씨·위씨·조씨)의 하극상을 용인하여 이들을 제후로 승급하고 나라의 3분할을 공인한 것입니다. 이 사건은 주왕실의 권위뿐 아니라 봉건질서와 신분체계가 전면적으로 붕괴되기 시작했다는 것을 상징적으로 보여주는 사건입니다. 정치사적으로 매우 중요한 사건이어서 유명한 사마광의《자치통감》도 바로 이 지점에서 시작됩니다.

"주 위열왕 23년, 처음으로 진의 대부인 위사·조적·한건을 제후로 삼았다."

전국시대戰國時代는 말 그대로 각 나라가 서로 왕을 칭하며 죽기 살기로 전쟁을 벌이던 시대였고, 기원전 403년에 시작되어 기원전 221년 진시황이 중국을 최초로 통일할 때까지 계속됩니다.

춘추시대와 전국시대는 주나라 봉건질서가 붕괴하고 군웅이 할거하던 시대라는 점에서 본질적인 차이가 있는 것은 아닙니다. 그러나 제후국들이 형식적이나마 주 왕실을 받들고 주나라의 질서를 지키는 시늉이라도 한 것이 춘추시대라면 전국시대에는 아예 서로 왕을 칭하며 노골적으로 천하의 패권을 추구하였다는 점에서 다른 점이 있습니다.

전쟁의 양상도 춘추시대가 명분(존왕양이尊王攘夷)을 위한 전쟁, 단기전이었다면 전국시대는 토지와 인민을 빼앗고 겸병하기 위한 살육전쟁, 장기전이었습니다. 전쟁의 수단도 점차 바뀌어 춘추시대가 주로 전차(수레)전이었다면 전국시대는 보병, 기병이 중심이었습니다. 춘추·전국시대를 다룬 책들에서 '천 승의 나라' '만 승의 군주'하는 말들이 많이 등장하는데 이때의 승乘이 바로 전차(수레)입니다.

공자의 해법

공자는 이와 같은 시대에 활동한 인물입니다. 앞서 학정을 한 탄하는 시에서 알 수 있듯이 그야말로 고통과 도탄의 시대였습니다. 전란에 굶주린 백성들이 서로 자식을 바꾸어 잡아먹을 정도였는데, 특히 중원의 약소국들(정, 송, 진, 채, 노)이 큰 피해를 입었고, 공자의 조국 노나라도 그중 하나였습니다. 당연히 어떻게 하면 계속되는 전쟁의 참화와 민생의 피폐를 막고 혼란을 종식할 것인가 고민하지 않을 수 없었습니다. 그러한 고민은 비단 공자뿐 아니라 동시대를 사는 대다수의 사람들이 피할 수 없는 실존적 문제의식이었고, 특히 약소국 출신의 공자에게는 더욱 절박한 과제였습니다.

공자는 그 해법을 주나라의 봉건체제와 신분질서의 재건에서 찾았습니다. 주례로의 복귀를 자신의 정치적 이상이자 사명으로 삼은 것입니다. 공자를 정치노선에 있어 보수주의자로 보는 중요한 이유가 여기에 있습니다.

그는 〈계씨 편〉에서 다음과 같이 말합니다.

"천하에 도가 있으면 예악과 정벌이 천자에게서 나오고, 천하에 도가 없으면 예악과 정벌이 제후에게서 나온다. 제후에게서 나오면 대개 10대代 안에 잃지 않는 일이 드물며, 대부에게서 나오면 5대 안에 잃지 않는 일이 드물며, 가신이 국명을 쥐면 3대 안에 잃지 않은 일이 드물다. 천하에 도가 있으면 정치가 대부에게 있지 않고, 천하에 도가 있으면 서인들이 논하지 않는다."

이것이 진정 공자의 말인지 의심하는 사람도 있고, 법가의 영향을 받은 위작이라고 보는 사람도 있습니다. '신분'이 아닌 능력'을 강조하고, '학식과 덕망을 갖춘 자에 의한 통치'를 염원한 공자의 평소 지론과 다르기 때문입니다. 그러나 '성인'이라고 하여 현실 정치적 판단이 반드시 옳은 것은 아니며, 공자가 봉건적 신분질서 그 자체를 부정하거나 전복하려 하지 않았다는 것도 분명한 사실입니다.

한편에선 구질서의 복구가 아니라 이를 대체할 새로운 질서(중앙집권적 통일국가, 보편적 법질서)를 모색하고 부국강병책을 찾는 세력이 등장하는데 관중, 자산, 이회, 순자, 신도, 신불해, 상앙, 오기, 한비자, 이사와 같은 현실주의 정치가와 법가들이 그들입니다.

그 밖에도 모든 인위적 제도, 노력을 갈등의 원인으로 파악하고 무위자연과 무분별, 안빈낙도를 주장하는 도가가 탄생하였고, 겸애와 반전, 허례허식의 배격(절장, 비악)을 주장하는 묵가도 등장하였습니다.

같은 상황을 놓고 해법이 서로 다른 여러 세력이 우후죽순처럼 나타난 것입니다. 그리하여 춘추·전국시대는 현실의 전쟁뿐 아니라 사상과 문화의 전투가 끊이지 않는 제자백가의 시대, 백가쟁명의 시대가 되었습니다.

공자는,

"주나라는 (하나라와 은나라) 두 왕조를 계승하여 그 문화가 매우 찬란했다. 나는 주나라를 따르겠다. 〈팔일 편〉"

고 했는데, 그렇다면 공자가 돌아가려는 주나라는 대체 어떤 토대위에 세워진 나라였을까요?

주나라의 두 기둥

주나라는 봉건제와 종법제라는 두 기둥 위에 세워진 나라입니다. '봉건제'란 말 그대로 '봉'해서 세우는 것입니다. 어떤 사람을 제후로 봉하여 나라를 세우고 또 누구를 대부로 봉하여 가를 세우는 것입니다. 천자(군주)가 제후를 봉하고 제후는 또 대부를 봉하여 각자 하사받은 영지를 다스리게 하는 제도입니다.

천자는 직할지를 제외한 나머지 영지(토지와 인민)를 수십 개로 갈라 제후들에게 나누어주었으며 그렇게 해서 세워진 것이 '국國'이고 그러한 행위를 '건국建國'이라 하였습니다. 제후도 직할지를 제외하고 방국을 여러 개로 갈라 대부들에게 나누어주었고 그렇게 해서 세워진 것이 '가家', 다른 말로 '채읍采邑'이었으며, 그러한 행위를 '입가立家'라 하였습니다. 대부는 그 밑에 신하를 두었으니 '사士' 또는 '가신家臣'이라고 불렸습니다.

천자국과 제후국은 영토와 인민, 보유한 군대의 규모에 차등이 있었고 제후들은 천자를 알현하고 조공을 바쳤으며, 유사시 군대를 동원해 왕실을 보위해야 했습니다.

이렇게 하여 천자, 제후, (경)대부, 사·서인, 노예 등 5등급의 신분질서와 봉건체제가 완성되었습니다. 그러나 천자가 아무나 제후로 봉하거나 제후가 아무나 대부로 봉하는 것은 아닙니다. 개국공신(강태공, 제나라)이나 망국의 후예(미자, 송나라)를 제후로 봉하는 경우도 없지 않았으나 대개는 천자와의 혈연관계를 토대로 하였습니다. 예를 들면 공자의 조국 노나라는 주무왕의 동생 주공(실제로는 그의 아들 백금)에게 봉해진 나라였고, 위나라의 제후 강숙, 조나라의 조숙, 채나라의 채숙도 모두 무왕의 친형제들이었습니다.

여기서 봉건제도는 종법宗法제도와 긴밀히 결합됩니다. 종법제도란 동일 씨족집단을 대종大宗(적장자 계통)과 소종小宗(그 밖의 자 계통)으로 나누어 소종이 대종을 따르는 위계구조인데, 간단히 말해 천자의 적장자는 천자가 되고, 그 밖의 자는 제후가 되며, 제후의 적장자는 제후가 되고 그 밖의 자는 대부가 되는 방식입니다.

이처럼 주나라의 봉건체제는 천자, 제후, 대부가 각기 영지를 다스리는 느슨한 분권형 지배체제이자 특정 씨족집단(희씨)의 혈연 지배체제였습니다. 아직 중앙집권 국가를 수립할 역량이 부족한 상황에서 불가피한 제도였고 혈연집단의 상호 원조가 가능해 체제유지에 효율적인 측면도 있었습니다.

그러나 봉건적 종법국가는 그 자체에 심각한 취약성을 내포하고 있었습니다. 천자가 직할지를 제외하고 나머지 영지를 제후에게 봉하고, 제후는 다시 대부에게 봉하는 이와 같은 분권적인 질서는 천자나 제후의 구심력이 약해지는 순간 분열과 군웅할거로 이어질 수밖에 없습니다. 또 촌수寸數는 세대가 계속될수록 자연히 멀어지기 때문에 일체감, 귀속감도 약화될 수밖에 없습니다. 한 형제, 2촌으로 시작한 천자와 제후의 관계는 세대가 흐름에 따라 4촌, 6촌으로 멀어지고 나중에는 핏줄의 의미마저 희미해져 남과 다를 바 없는 관계가 되고 마는 것입니다.

춘추·전국시대는 이처럼 천자국의 구심력이 약해지고 혈연의 의미가 희박해짐에 따라 봉건적 종법질서가 근본에서부터 흔들리고 그에 따라 제후국이 패자를 칭하고 대부가 제후를 시해하는 대혼돈의 시기였던 것입니다.

수신제가의 뜻

이러한 봉건체제, 종법질서 하에서 특이한 계층이 있었으니, 바로 사민士民들입니다. 이들은 토지와 백성을 분봉받은 귀족이 아니고 그렇다고 생산에 종사하는 사람(농, 공, 상)도 아니었습니다. 대체로 대부에게 기생하면서 수신에 힘쓰거나 채읍을 다스리는 일을 도왔는데, 그 수가 춘신군이니 신릉군이니 하는 큰 대부 밑에는 수천 명에 이르렀습니다. 일부는 특출한 재주로 제후나 천자에게 발탁되어 높은 관작을 부여받거나 입신양명하기도 하였습니다.

이들에게 학문의 목적은 오로지 정치에 참여하기 위함이었습니다. 별 다른 생계수단(항산恒産)이 없었기 때문에 정치참여는 선

택이 아닌 생존의 필수조건이었던 것입니다. 맹자는 '선비가 벼
슬하는 것은 농부가 밭을 가는 것과 같다 士之仕也 猶農夫之耕也
사지사야 유농부지경야'고 말했습니다. 물론 그것만이 정치참여의 이유는
아닙니다. 앞서 본 대로 수기의 목표는 안인, 안백성에 있었고,
정치참여는 수기의 완성을 의미하였습니다. 공자뿐 아니라 여러
제자(자로, 자공, 염유, 중궁, 민자건, 자유, 자하)가 정치에 뛰어든
이유가 여기에 있습니다. 후기 제자인 자하의 다음과 같은 말은
당시 사민계층이 어떤 처지에 있었는지, 그들에게 정치참여가 어
떤 의미를 갖는 것인지를 잘 보여주고 있습니다.

"벼슬살이를 하고도 여력이 있으면 배우고, 배우면서도 여력
이 있으면 벼슬살이를 할 것이다.〈자장편〉"

이들은 수신을 마치면 대부를 도와 채읍을 건사하는 일을 하였
는데 이를 제가라 하고, 제후에게 발탁되어 방국을 다스리는 일
을 치국, 천자를 보조하여 세상을 안정시키는 일을 평천하라고
칭하였습니다.
따라서 '제가齊家'를 단순히 가정을 잘 다스리는 일로 보는 것은
정확한 해석이 아닙니다. 이는 오늘날 분자화된 '가家'의 개념과
영지적 개념이던 춘추·전국시대의 '가家'의 개념을 혼동한데서 비
롯된 것입니다. 대부가 영지를 잘 다스리는 것이 본래의 제가이

고, 따라서 제가는 수신修身이 아니라 오히려 치인治人의 영역이고, 제가와 치국과 평천하는 질적 차이가 있는 것이 아니라 양적 차이가 있을 뿐입니다. 〈자장 편〉에 '선생님(공자)께서 방국과 가를 얻어 다스린다면 夫子之得邦家者부자지득방가자'이라고 기록되어 있는 것이나, 〈공야장 편〉의 '百乘之家백승지가'라는 표현도 '가家'가 오늘날과 같은 집안, 가정이 아니라 대부의 영지라는 것을 보여줍니다. '800가구에서 수레 1승이 나온다'는 마융의 셈법에 따르면 '100승지가'는 8만 가구이고, 가구당 5인으로만 계산해도 인구가 40만 명에 이르는 대규모 집단이 '가家'입니다.

공자는 그 스스로가 사민계층 출신으로 부지런히 자신을 갈고 닦아 제가에 참여하고 더 나아가 치국과 평천하에 기여하겠다는 사민계층의 꿈과 희망을 대변했습니다. 단지 혈통과 출신성분이 아니라 인격과 실력을 겸비한 사민계층이 정치에 적극 참여해야 한다고 본 점에서 그는 단순한 귀족지배체제의 옹호자가 아니라 이상주의자요, 진보적 지향을 가진 인물입니다.

차별적 질서, 이원적 규범

주나라는 앞서 본 것처럼 5등급의 신분이 존재하고, 그 신분이 세습되는 계급사회였습니다. 뿐만 아니라 적자와 서자嫡庶, 노인과 젊은이(장유長幼), 남녀男女 간의 차별도 아울러 존재하였습니다.

주나라의 차별적 질서를 대표하는 것이 '禮不下庶民예불하서민 刑不上大夫형불상대부'의 원칙입니다. '예는 서민까지 내려가지 않고 형은 대부까지 올라가지 않는다'는 것입니다. 지배층과 피지배층을 나누어 지배층은 예에 따라 규율하고 피지배층은 형벌로 규율하는 이원적 규범질서를 가지고 있었던 것입니다.

지배층에 적용되는 '예'도 신분에 따른 차별이 있었습니다. 천자만이 하늘과 천하의 명산에다 제사를 지낼 수 있었고, 제후는 자신의 영지 안에 있는 산이나 강에다만 제사를 지낼 수 있었습니다. 천자와 제후, 대부, 백성은 장사지내는 법도 달랐고, 가무의 경우에도 천자는 팔일八佾, 제후는 육일, 내부는 사일을 사용해야 하였습니다. '佾'은 여덟 명이므로 팔일은 64명이 추는 춤, 육일은 48명이 추는 춤, 사일은 32명이 추는 춤을 말합니다.

피지배층에 적용되는 형벌로는 사형에 해당하는 대벽, 생식기를 거세하는 궁형, 발뒤축을 베는 월형, 코를 베는 의형, 얼굴에 먹물을 새겨 넣는 묵형 등 5형과 그 대속형인 벌금형이 있었습니다.

예와 형이 구별된다고 하여 대부 이상은 죄를 범해도 벌하지 못한다는 뜻은 아니었습니다. 자결하게 하는 등 스스로 벌을 취하게 하였으며, 마찬가지로 서민들은 형벌로 단죄할 뿐 그들의 무지나 무례를 책하지 않았습니다.

공자는 어린 나이에 혼자서 제사놀이를 하면서 놀만큼 예에 관심이 많았고, 주나라의 예법을 누구보다 존숭한 인물입니다. 그런 공자인데, 노나라의 대부에 불과한 계씨가 천자만이 할 수 있는 팔일무를 추게 하고 천하명산에다 제사를 지냈으니, 공자가 이렇게 한탄한 것도 무리는 아닙니다.

"자기 집 뜰에서 팔열의 대무를 추게 하다니, 이런 짓을 감히 할 수 있다면 무슨 짓인들 못하겠는가 〈팔일 편〉"

주나라의 설계자, 주공

앞서 말한 주나라의 봉건체제와 예제(禮制) 등을 만든 사람이 주공(희) 단입니다. 그는 주나라를 개창한 문왕의 아들이자 무왕의 동생으로 7년 동안 나이 어린 조카 대신 섭정하면서 주나라의 기본체계와 질서를 세웠습니다. 그를 주나라의 건설자, 설계자로 평가하는 이유가 여기에 있습니다.

물론 봉건제가 주공의 순수한 창작품은 아닙니다. 봉건제는 그전에도 복속민을 다스리는 방법의 하나로 자연발생적, 산발적으로 운영되었습니다. 다만 주공은 이를 국가의 기본적인 통치방식으로 전면화, 시스템화 한 것입니다. 그는 총 71개의 제후국을 세웠고 그중 53명의 제후를 동성(희씨)귀족으로 봉했습니다.

주나라의 음악을 제정한 사람도 다름 아닌 주공이었습니다. 그는 봉건적 신분질서, 예제禮制뿐만이 아니라 이를 보완하고 융해할 음악도 함께 만들었습니다. 신분과 적서, 장유와 남녀 등 각종 차별로 인해 필연적으로 발생할 대립과 갈등을 음악을 통해 완화하고 조정하고자 한 것입니다. 말하자면 예제는 차별을 지향하고 음악은 공동체의 통합을 지향한 것입니다. 유약의 말처럼 '예의 운용에는 조화가 귀하고 禮之用和爲貴예지용화위귀〈학이 편〉', 그 조화를 악樂을 통해 이루고자 한 것입니다.

주공을 더욱 돋보이게 하는 것은 그가 권좌를 미련 없이 조카 성왕에게 물려주었다는 점입니다. 7년간 천자를 대신하여 모든 실권을 행사하였고 주나라의 토대와 기초를 마련했음에도 성왕이 크자 권좌를 스스로 넘겨주었던 것입니다.

공자는 그러한 주공을 너무나 흠모한 나머지,

"내가 몹시도 쇠약해졌구나! 내가 꿈에 주공을 뵙지 못한 지도 오래되었구나! 〈술이 편〉"

고 탄식하기도 하였습니다.

공자가 주공을 흠모한 것은 주공의 뛰어난 업적 뿐 아니라 주공과 노나라와의 인연도 작용했습니다. 공자의 조국 노나라는 다름 아닌 주공의 아들 백금에게 하사된 나라였고 따라서 주공과 주나라 예법의 영향이 그 어느 곳보다 강한 곳이었습니다. 공자는 이런 노나라에 대해 깊은 역사적·문화적 자긍심을 가지고 있었습니다.

그리하여 공자는 '당대의 주공'을 자임했는데, 어쩌면 주공의 모습에서 자신의 지위와 역할을 찾고 있었는지도 모릅니다. 바로 천자가 아니면서 천자의 역할을 하는 사람, 왕이 아니면서 왕인 사람! 주공은 천자가 아니었지만 7년간 조카를 대신해 천자의 역할을 한 사람이었습니다.

공자의 그와 같은 꿈은 물론 살아생전에는 이루어지지 못했습니다. 그러나 그의 사후에 마침내 실현되었습니다. 그는 소왕(素王, 실제 왕위는 없지만 임금의 덕을 갖춘 정신적 왕)으로 추대되었고, 사마천은 그를 왕(제후)으로 대접하여 제후들에 관한 기록인 《세가世家》에 〈공자 편〉을 올립니다. 바야흐로 공자는 요, 순, 우, 탕, 문, 무, 주공과 같은 성인, 성왕聖王의 반열에 오르게 된 것입니다.

시詩, 예禮, 악樂

공자는 예술적 소양, 그중에서도 음악에 대한 이해가 깊었던 인물입니다. 공자가 편찬한 것으로 알려진 《시경詩經》도 실은 당시까지 전해지던 각종 노래의 가사를 모은 것입니다.

공자는 '고기를 좋아하고 많이 먹는 〈향당 편〉' 사람이었지만 제나라에 있을 때 순임금을 찬양하는 곡인 소韶를 듣고 석 달 동안 고기 맛을 잊어 버렸습니다(子在齊聞韶 三月不知肉味자재제문소 삼월부지육미 〈술이 편〉). '(순임금을 기리는) 소韶는 미와 선을 다 갖추었으나, (무왕을 기리는) 무武는 미는 갖추었으나 선은 갖추지 못했다' 〈팔일 편〉고 논평하기도 하였습니다. 나아가 단지 듣고 논평하는 단계를 넘어 음악을 고치고 바로 잡기까지 하였습니다.

"내가 위나라에서 노나라로 돌아온 뒤로 음악이 바로 잡히고 아雅와 송頌이 각각 제자리를 찾았다. 〈자한 편〉"

'雅'는 조정에서 쓰이던 노래이고 '頌'은 종묘에서 제사지낼 때 연주되는 음악이며, 풍風은 민요입니다.

그렇다면 공자는 왜 그토록 음악에 몰두하고 그것에 의미를 두었던 것일까요? 순전히 개인의 취향일까요? 공자의 다음과 같은 말에서 그 힌트를 얻을 수 있습니다.

"시로 일어나 예로 서며 악으로 완성한다. 興於詩 立於禮 成於
흥어시 입어례 성어락 〈태백 편〉"

무슨 뜻일까요? 시와 예와 악이 어떤 순서나 단계를 표현하고 있다는데 착안할 필요가 있습니다. 이를 공부하는 순서, 수기의 순서로 보게 되면 '시詩'로 바탕을 삼고, '예禮'로써 외면과 행동을 규제할 뿐 아니라 '악樂'으로 내면과 정신을 순화해야 전인적 인격에 도달한다는 뜻이 됩니다. 이를 치국하는 순서, 안인의 순서로 보면 시詩를 통해 풍속과 민심을 알고, 예禮를 세워 질서를 유지하며, 악樂으로 통합해야 치국이 완성된다는 뜻입니다.

그러나 공부와 치국, 수기와 안인이 서로 연관되어 있고, 결국 둘이 아닌 하나임을 생각하면 공부의 순서가 곧 치국의 순서이고 안인의 순서가 곧 수기의 순서라 할 수 있습니다.

중요한 것은 공자가 악樂을 인격적 혹은 사회적 완성의 필수적이고 최종적 요소로 보았다는 것입니다. 음악이 단지 인생의 희로애락을 표현하는 수단일 뿐 아니라 내면의 완성, 피지배층의 순화, 공동체의 통합을 위한 도구라고 생각한 것이고, 따라서 공자는 이렇게 읊조린 것입니다.

"예禮라, 예라 말하는 것이 옥이나 비단만을 말하는 것이겠느냐? 악樂이라, 악이라 말하는 것이 종이나 북만을 말하는 것이겠느냐. 〈양화 편〉"

새로운 계층의 출현

봉건체제하에서 토지는 천자, 제후, 대부 등 영주들의 소유였고, 농민들은 자기 땅을 가질 수 없었습니다. 이들은 영지에 종속되어 공동노동에 종사하거나 토지경작의 대가로 일정한 세금을 바쳐야 했습니다.

대표적인 것이 정전제입니다. 사방 1리의 토지를 우물 정(井)자 모양으로 나누어 그 가운데를 공전으로 삼고, 나머지는 사전이 되는데, 정전에 예속된 여덟 가구는 공전의 경작을 마친 뒤에야 사전을 경작할 수 있었고, 공전의 소출을 세금으로 바치고 사전의 수입으로 생계를 유지하였습니다. '우리 공전에 비 내리고 드디어 사전에도 비 내린다(雨我公田 遂及我私 우아공전 수급아사)'는 당시의 노래는 정전제 하의 농민들의 심정을 잘 대변해주고 있습니다.

그러나 춘추·전국시대에 들어오면서 점차 자영농이 등장합니다. '땅은 넓고 사람은 적이' 유휴지가 적지 않았고, 이를 개발하여 소유하는 농민이 생겨난 것입니다. 전쟁의 양상이 수레전에서 보병, 기병전으로 바뀌면서 전차가 다녀야 할 길인 천맥을 개발하여 농지로 삼는 사람도 나타났습니다. 전쟁에 나가 공을 세우고 집과 농지를 하사 받은 사람도 있어서 점차 토지의 사유화가 진행되었고 토지의 거래, 매매가 시작되었습니다.

거기에 철제농기구의 사용, 거름, 이모작, 심경深耕, 우경牛耕이 일반화되어 농업생산력이 비약적으로 발전했습니다. 이제 개인의 능력과 노력 여하에 따라서 얼마든지 부를 축적할 수 있게 되었고, 실제로 농업경영에 수완을 발휘한 사람들은 많은 토지를 사들여 부농, 지주계급이 되었습니다.

대부계층의 분화도 신흥세력의 등장에 한 몫을 하였습니다. 대부 중에는 제나라 전상이나 진나라의 한, 위, 조씨, 노나라의 계씨처럼 세력을 키워 권세가가 되거나 아예 제후를 시해하고 스스로 권좌를 차지하는 자도 있었으나, 다수의 대부계층, 대부의 소종(대부의 적장자가 아닌 그 밖의 자손)들은 무늬만 지배층이지 그 처지가 서민층과 크게 다를 바 없었습니다. 이들이 스스로 소지주가 되거나 농민으로 변신하였고, 일부는 신흥지주, 부농계층에 합류하였습니다.

공자는,

"군자는 덕을 생각하고 소인은 땅을 생각한다. 君子懷德 小人 懷土군자회덕 소인회토 〈이인 편〉"

고 말했는데, 이는 춘추·전국시대의 급변하는 세태를 적절히 표현한 것입니다. 여기서 '토±'의 의미를 '편히 살 곳', '편안함 자체', '영토'라고 풀이하는 사람도 있으나, 말 그대로 '땅'이라고 보는 것이 간명하고 적절합니다. 공자는 그러한 세태에 뇌동하지 않았고, '송곳 꽂을 땅조차 가지지 않았다(仲尼無置錐之地중니무치추지지)'고 순자는 기록하고 있습니다.

사적 소유와 거래의 활성화는 시장과 도시의 발달을 촉진했으며, 그 결과 상인중에서도 점차 부를 축적한 거상이 등장하였는데, 공자의 제자인 자공이나 진나라의 여불위 같은 사람이 그런 부류의 사람입니다.

이처럼 자영농, 부농, 신흥지주, 거상과 같은 새로운 계층의 등장은 영주(천자, 제후, 대부)의 세습적 토지소유라는 종래의 봉건적 질서와 정면으로 모순되는 것이었고 따라서 이들 신흥세력과 봉건귀족의 이해는 여러 방면에서 충돌하였습니다.

부국강병을 염원하는 군주의 입장에서도 종속노동, 강제노동에 비해 자영농의 생산력이 월등하였기 때문에 기존 질서를 유지

할 것인지 아니면 새로운 선택을 할 것인지 끊임없이 고민하게 되었습니다.

이러한 전대미문의 새로운 변화 앞에서 공자를 비롯한 유가는 주례周禮로의 복귀, 봉건적 질서의 재건을 정치적 해법으로 내놓았고 이는 결과적으로 봉건귀족의 이해와 일치하는 면이 있었습니다. 공자를 보수주의자로 평가하게 되는 중요한 이유입니다. 반면 법가와 묵가는 부국강병과 평등을 기치로 내걸고 신흥계층의 이해를 대변하게 되었습니다. 봉건귀족과 신흥세력의 대립은 양립 불가능한 것이었기 때문에 유가와 법가는 현실정치에서 때로는 목숨을 걸고 치열하게 대립하였으며, 중앙집권적 통일국가인 진·한나라의 수립과 군현제가 실시되면서 법가의 승리로 일단락되었습니다.

도구의 발달은 삶의 방식과 가치체계를 근본적으로 바꿔놓습니다. 철제 농기구의 사용과 농업생산력의 비약적 발전은 전통적인 생활방식, 가치체계에 큰 변화를 일으켰습니다. 이제 농사를 짓기 위해 더 이상 대규모 집단노동, 공동노동이 필요하지 않게 되었고 가족노동, 개인노동이 그 자리를 대체하게 되었습니다. 진秦나라 상앙과 같은 사람은 아예 증산과 세수증대를 위해서 성인 남자의 분가를 법적으로 강제하기도 하였습니다.

자연히 그간의 혈연·씨족 중심의 가치관이 해체되고 개인(가족)과 국가가 사유의 중심에 등장하게 되었습니다. 상업의 발달과 도시의 형성은 씨족공동체의 해체를 더욱 부채질하였습니다.

춘추·전국시대는 시기적으로 보면 서양의 고대 그리스 시대와 일치하고, 공자, 소크라테스, 석가모니는 거의 같은 시대에 활동합니다. 그리고 이때 동·서양 모두에서 활발한 철학적 활동이 일어납니다. 지역을 달리하고 주안점(사회윤리, 사물의 근원, 영적 구원)도 다르지만 놀랍도록 유사한 생각들도 등장합니다. 공자는 이렇게 말합니다.

"유(자로)야, 너에게 안다는 것에 대해서 가르쳐주랴? 아는 것을 안다 하고, 모르는 것을 모른다 하는 것, 그것이 바로 아는 것이다. 〈위정편〉"

소크라테스도 비슷한 말을 합니다. '그 사람은 모르면서도 무엇인가 아는 것처럼 생각하고 있고, 그와 반대로 나는 아무 것도 모르기 때문에 그대로 모른다고 생각하고 있습니다. 나는 모르는 것을 모른다고 생각한다는 바로 그 조그만 점에서, 그 사람보다는 내가 지혜가 있다고 생각했습니다.'

이것이 그냥 우연의 일치는 아닙니다. 지금으로부터 약 2,500여 년 전 중국과 그리스와 인도에서 공히 수준 높은 철학활동이 시작되고, 성인聖人이 나타나고, 오늘날까지 막대한 영향을 미치고 있는 것이 그냥 원인 모를 이유 때문이라고 할 수는 없습니다.

'씨족, 혈연 중심의 사회체제'가 해체되고 비로소 개인(가족), 도시, 국가가 전면에 등장한 것, 말하자면 오늘날과 같은 사회적 삶의 원형이 바로 이 시기에 형성된 것과 긴밀한 연관이 있습니다. 세상은 더 이상 '친밀한 씨족구성원들의 공동체'가 아니라 '낯선 타인들의 도시'가 된 것이고, 그에 따른 새로운 윤리와 가치관, 질서의 확립이 요구되었던 것입니다.

요임금이 '누가 이 등용에 합당하겠는가'하고 물으시니, 방제放齊가 말하기를
'큰 아드님인 단주가 밝습니다'하고 대답하였다. 그러자 요임금이 말씀하였다.
'에이! 어리석고 잘 다투니 되겠는가?'

《서경》

7장

무위지치의
상고시대를 꿈꾸다

상고시대 개관

공자는 과거 역사에 대한 관심이 누구보다 컸습니다. 역사에 비약이 없다고 생각했고, '옛 것을 잘 익혀 새 것을 알 수 있다 溫故而知新온고이지신 〈위정 편〉'고 보았습니다. 요·순 시대부터 주나라 초기까지의 중요한 정치적 사건과 인물을 기록한 책, 《서경書經》을 편찬한 것도 공자로 알려져 있습니다. 당연히 《논어》에도 주나라 이전의 사건과 인물들이 종종 등장합니다. 그중 몇 대목을 토대로 중국 상고사의 편린을 찾아보는 것은 《논어》와 공자를 깊이 이해하는 데 도움이 될 것입니다.

중국사에서 가장 처음에 등장하는 이름은 유소씨, 수인씨, 포희씨, 여과씨, 신농씨 등입니다. '씨氏'라고 호칭하였지만 딱히 사람을 지칭한 것은 아니고 어떤 도구의 발명, 인류의 진화단계를 표현한 것입니다. 유소, 수인, 포(복)희, 신농은 둥지, 불, 수렵, 농사의 뜻이 들어있고 인류는 그와 같은 과정을 거쳐 진화해왔다고 합니다. 최초 나무둥지에서 생활하다가 불을 발명하고 수렵생활을 거쳐 농경사회로 발전해왔다는 것입니다.

그 뒤를 이어 태호, 염제, 치우, 황제와 같은 구체적 인물들이 나옵니다. 이들은 소규모 무리사회의 우두머리였을 것으로 추정되는데 그 중에서 황제는 우리나라의 단군과 같은 존재입니다. 사마천의 《사기본기》도 이 황제의 이야기로부터 시작됩니다. 대략 지금으로부터 약 4,700년 전 그러니까 기원전 2,700년 무렵의 일로 추정합니다. 황제의 후예로 손자뻘인 전욱, 증손자인 제곡(3제)이 있고, 그 다음에 우리에게도 친숙한 이름인 요·순 임금이 등장합니다. 사마천은 황제, 전욱, 제곡, 요, 순을 합하여 5제라 칭합니다. 요·순을 이어 우 임금을 시조로 하는 하 왕조가 열립니다. 기원전 2,070년경 시작하여 기원전 1,598년경 멸망한 것으로 알려져 있는데, 그 실재가 확실히 증명된 것은 아닙니다.

은허와 같은 유적과 다수의 유물로 왕조의 실존이 입증된 것은 은(상)왕조입니다. 기원전 1,598년경 탕왕에 의해 세워졌다가 기원전 1,046년경 주왕 때 주나라의 무왕에 의해 멸망합니다.

그렇게 세워진 주나라도 이후 크게 흔들리면서 춘추·전국시대가 열리고 기원전 221년 진시황이 통일국가를 수립할 때까지 혼란은 계속됩니다.

무위지치

공자의 정치사상은 일반적으로 덕치, 예치로 평가됩니다. 〈위정편〉 첫 장도 다음과 같은 공자의 말로 시작합니다. 爲政以德위정이덕!

"정치를 덕으로 하는 것은 마치 북극성이 제 자리에 있고 뭇별이 그 주위를 도는 것과 같다."

이어서 공자는 이를 좀 더 명확히 설명합니다.

"법으로 이끌고 형으로 다스리면 백성은 면하려고만 하고 염치를 모른다. 덕으로 이끌고 예로 다스리면 염치도 알고 바르게 된다."

흔히 '왕도성치王道政治', '패도정치覇道政治'라는 말을 쓰기도 하는
데, '덕으로 하는 정치'가 바로 왕도정치이고, '힘으로 하는 정치'
가 패도정치입니다. 맹자는 '덕으로 인仁을 행하는 자가 왕자(以德
行仁者王이덕행인자왕)'이고, '힘으로 인仁을 가장하는 자가 패자(以力假
仁者覇이력가인자패)'라고 말합니다.

우리가 잘 아는 '과인寡人'이라는 말도 덕치주의의 유산입니다.
이는 왕(제후)이 스스로를 칭하던 말이었는데, 자신을 '덕이 부족
한 사람'이라 낮춰 부른 것입니다. 그 반대가 '짐朕'이라는 말입니
다. 천하를 통일한 진시황은 스스로를 '짐朕'이라 불렀는데, 짐은
본래 '조짐'이나 '징조'를 나타내는 말입니다. 군주는 신비감이 있
어야 하고, 자신의 생각이나 호불호를 드러내지 말아야 한다는
법가의 통치술이 반영된 것입니다.

공자는 덕치의 의미를 '면류관'에 빗대 설명하기도 합니다. 주
나라 당시 천자나 제후, 대부 등 지배층들이 쓰던 면류관에는 앞
뒤로 주옥이 달린 술이 여러 가닥 있었는데, 이는 '사람의 잘잘못
을 너무 찬찬히 보아서는 안 된다'는 뜻이라는 것입니다. 깐깐히
보게 되면 가혹하고 각박해질 수밖에 없다는 것입니다.《공자가
어》〈입관入官 편〉은 다음과 같이 기록하고 있습니다.

'옛날 착한 임금이 면류관 앞에 작은 구슬을 드리운 것은 밝은 눈을 가린 것이며, 귓가에도 구슬을 늘인 것은 밝은 귀를 가린 것이다. 이것은 무슨 까닭이냐 하면 물이 너무 지나치게 맑으면 물고기가 없게 되고 사람은 너무 찬찬하면 따르는 사람이 없기 때문이다.'

그렇다면 이와 같은 덕치, 예치를 통해 공자가 궁극적으로 도달하고자 한 세계는 무엇이었을까요? 〈위영공 편〉에서 공자는 다음과 같이 말합니다.

"몸소 하는 일 없이 천하를 다스린 사람은 순임금일 것이다. 대체 그 분은 무엇을 하였는가? 자기 몸을 공손히 하고 바르게 남면하고 있었을 뿐이다."

덕치, 인치를 넘어 궁극에 있어 다스림 없는 다스림, 무위지치無爲之治를 최고의 이상적인 상태로 생각했음을 알 수 있습니다. 인위人爲의 정치를 통해 최종적으로 무위無爲의 정치에 도달하고자 한 것입니다. 공자를 단지 유가의 틀 속에 가두어둘 수 없는 점이 여기에 있습니다. 유가와 도가의 대결은 본질적으로 인위와 무위의 대결이기 때문입니다.

'무위'는 '아무 것도 하지 않는 것'이 아니라 '인위적으로, 억지로 하지 않는 것'이고, '만물 본연의 내재적이고 자연적인 발전에 맡기고 기다리는 것'입니다. '벼가 자라기를 염려한 나머지 억지로 뽑아 올려서 말라죽게 하지 말라'는 뜻에 가깝습니다.

공자는 '무위'를 미래의 이상적 목표로 상정하고 인위적 노력(덕치, 예절, 제도, 교육 등)을 통해 이를 실현하고자 한 반면 도가는 바로 오늘의 현실에서 '무위'를 실천하고자 하였습니다. 인위를 통해 무위의 세계로 가고자 한 것이 공자라면, 무위를 통해 무위의 세계로 가고자 한 것이 도가입니다. 도가들이 '천지도 성인도 어질지 않다(天地不仁 聖人不仁천지불인 성인불인)'고 선언하면서 유가의 인仁에 대해 반대한 것도 그 때문입니다. '어진 것은 반드시 만들고, 세우고, 베풀고, 교화하여, 은혜가 있고, 인위가 있다'고 보았기 때문입니다.

역사적 의미

　그렇다면 공자가 말한 요순의 무위지치가 갖는 실제 역사적 의미는 무엇일까요?

　중국사에서 요·순까지의 시기는 신화의 시대, 전설의 시대로 분류됩니다. 전해오는 이야기는 있으나 유물이 발견되지 않고 딱히 고증할 수 없는 시대입니다. 역사적으로 보면 구석기 시대에서 신석기 시대에 이르는 매우 긴 기간에 해당하는데 주로 조악한 석기를 도구로 사용하였기 때문에 생산력과 무기의 발달이 매우 미미하였습니다. 당연히 아직 계급의 분화라든가 사적 소유, 부와 폭력의 축적, 권력자의 등장 같은 현상이 나타나지 않았습니다. 일정한 혈연집단이 각기 무리를 이루어 고립·평화적으로 생활하는 시기였습니다.

이 전설의 시대를 일컬어 공자는 '대동사회大同社會'라고 불렀고, 도가는 '소국과민小國寡民'의 이상사회로 어겼으며, 좌파 경제사가들은 무계급의 원시공산제사회로 평가합니다. '해가 뜨면 나가서 일하고 해가 지면 들어와서 쉰다. 제왕의 권력이 나에게 무슨 상관이겠는가(日出而作 日入而息. 帝力於我何有哉일출이작 일입이식 제력어아하유재)'하고 노래하던 시절입니다.

공자가 말한 순임금의 무위지치는 실은 계급도 권력도 형벌도 없던 시대를 상징적으로 표현한 것입니다. 성왕聖王의 뛰어난 정치라기보다 고립·평화적인 소규모 씨족공동체 사회였다는 것을 반증하는 것입니다.

선양^{禪讓}에 담긴 뜻

임금 자리를 스스로 덕이 있는 자에게 물려준다는 의미의 이른
바 선양도 마찬가지입니다. 《논어》는 요임금의 선양에 대해 다음
과 같이 아름답게 묘사하고 있습니다.

요임금이 말했다.
"오 그대 순이여! 하늘의 운수가 그대에게 와 있으니, 진실로
그 중용을 지킬 것이다. 온 세상이 곤궁해지면 하늘이 내려준 복
록도 영원이 끊어지리라. 〈요왈 편〉"

기록에 따르면 요는 그의 아들인 단주가 아니라 순에게 임금

166

자리를 양위하였고 순 또한 아들 상균이 아니라 우에게 그 자리를 넘겨주었습니다.

인성이나 능력과는 상관없이 오로지 혈통에 따라 천자의 장자는 천자가 되고, 제후의 장자는 제후가 되는 춘추·전국시대의 현실에 비추어 보면 요·순의 이와 같은 선양행위는 그야말로 아름답고 숭고한 일이었을 것입니다. 앞서 본 것처럼 서경에는 이 장면이 더 극적으로 묘사되어 있습니다.

그러나 요·순 시대는 기본적으로 석기시대 말기쯤에 해당하고, 씨족공동체 사회였습니다. 집단의 우두머리, 대추장이 있었지만 그 자리를 독점하거나 세습할만한 확고한 권력은 아직 형성되지 못하였습니다. 겨우 돌과 활을 사용하여 농사짓고 서로 싸우던 시대에 부와 권력을 축적하여 압도적 폭력을 소유한 존재는 아직 나타나지 않았던 것입니다.

이 시대의 왕, 임금은 구성원들의 선거에 의해 선출되거나 씨족회의에서 옹립·추대될 뿐이었습니다. 이것이 요에서 순으로, 다시 순에서 우로 이어지는 이른바 선양의 실체요 본질입니다.

실제로 이렇게 임금의 자리에 오른 요·순은 권력자와는 거리가 있는 모습을 보입니다. 사마천은 《사기》에서 요의 생활에 대해 '집은 여인숙만 못하고, 의복과 음식은 문지기의 생활만 못하였다'고 기록하고 있습니다.

요·순이 부와 권력을 향유한 전형적인 왕이 아니라, 조직의 원로, 씨족공동체의 대표자였다는 것을 보여줍니다. 결국 이 시대의 선양이란 특별한 권력도 매력도 없는 늙은 추장의 은퇴식과 새로운 추장의 추대식이었다고 할 수 있습니다.

그런데 공자는 왜 이것을 그토록 찬양한 것일까요? 권력이 세습되지 않고 현인賢人에게 이양되는 세상을 염원했기 때문입니다. 궁극적으로 신분과 혈통에 따른 왕권의 세습이 폐지되고 학식과 덕망을 갖춘 군자에 의한 통치, 철인哲人정치가 이루어져야 한다고 본 것입니다. 그리고 그는 이를 미래가 아니라 오래된 과거에서 찾았습니다. 전인미답의 낯설고 위험한 길이 아니라 이미 가본 길, 역사적으로 경험한 일이라고 묘사한 것입니다. 역시 신중하고 사려 깊은 이상주의자, 개혁가로서의 공자의 일단을 엿볼 수 있습니다.

대동사회에서 소강사회로

요·순과 달리 우임금에 대한 공자의 평가는 다소간 유보적입니다. 공자는 〈태백 편〉에서 다음과 같이 말합니다.

"우임금에 대해서는 나로서는 비난할 데가 없다. 자기는 음식을 형편없이 먹으면서 귀신에게는 정성을 다하여 제물을 올렸고, 평소의 옷은 허름한 것을 입으면서 제사 때 예복은 아름답게 하였고, 거처하는 궁실은 허술하게 하면서도 농사짓는 봇도랑을 내는 데는 힘을 다했다. 우임금에 대해서는 나로서는 비난할 데가 없다."

공자는 왜 우임금에 대해 굳이 '비난할 데가 없다 無間然무간연'고 표현한 것일까요? '間然간연'이란 '지적하여 비난하다'는 뜻입니다. 바로 선양의 전통이 깨졌기 때문입니다.

요·순의 선양의 전통은 우임금에 이르러 드디어 깨집니다. 우가 고령이 되자 씨족연맹체에서는 관례대로 후임자의 선출을 논의하는데, 1차로 고요가 추천되었고, 고요가 죽은 뒤에는 다시 그의 아들 백익이 후임자로 추천되었습니다.

그러나 우는 전임자들과 달리 암묵적으로 자신의 아들인 계가 뒤를 잇도록 도모하였고 그 결과 점차로 세력을 획득한 계는 백익을 죽이고 스스로 임금의 자리에 오르게 됩니다.

이렇게 하여 우를 시조로 하는 하 왕조가 열립니다. 우와 계의 권력상속은 어찌 보면 임금 자리가 아버지에서 아들로 넘어간 단순한 사건으로 볼 수도 있지만 그 역사적 의미는 남다릅니다. 이제 천하가 만인의 것에서 특정 집안의 것으로 바뀐 것입니다.

하나라 건국 이전을 대동시대, 하의 건국 이후를 소강시대라 달리 부르는 이유도 그 때문입니다. 시대가 근본적으로 바뀌었다고 보는 것인데 전체를 위한 사회(one for all)가 한 사람을 위한 사회(all for one)가 되었다는 것입니다.

이 시대는 청동기 시대(끌, 송곳, 낚시 바늘, 화살촉, 갈고리, 창, 칼, 도끼, 자귀, 술잔 등)의 개막과 때를 같이 하는데, 청동기 시대는 동서를 막론하고 권력자의 등장, 계급의 출현, 초기 국가의 성립과 동일한 의미가 있습니다. 청동제 무기와 농기구의 사용으로 농업생산성이 향상되고 정복전쟁이 가능해졌으며, 그에 따라 부와 물리력을 수중에 장악한 권력자가 등징하고 그 지위가 세습될 수 있었던 것입니다.

요·순 시대와 달리 이제 임금의 자리는 자식에게 물려줄 만한 가치(재산과 권세)가 있는 자리가 되었고, 그럴만한 힘도 가지게 된 것입니다.

망국의 왕에 대하여

　나라를 세운 왕이 있으면 망국의 왕도 있는 법입니다. 그리고 전자가 대체로 성왕으로 추앙되는 반면에 후자는 천하의 폭군으로 묘사됩니다. 하나라의 우왕, 은나라의 탕왕, 주나라의 문·무왕이 전자라면 하나라의 마지막 왕인 걸桀왕과 은나라의 주紂왕은 후자를 대표합니다.

　걸·주왕은 포락의 형벌, 주지육림의 고사로 잘 알려진 인물입니다. 포락의 형벌은 죄인에게 기름 바른 청동기둥 위를 걷게 하다가 떨어져 불에 타 죽게 하는 형벌입니다. 형벌이 잔혹할 뿐 아니라 희화화된 것입니다. 주지육림은 잘 알다시피 연못에 술을 가득 채우고 나무에는 고기를 주렁주렁 걸어놓고 먹고 마시며 난

행을 즐겼다는 고사입니다. 은연중 걸·주의 이와 같은 폭정과 음행이 망국의 원인이었다는 것을 암시합니다.

그러나 군주가 마음 내키는 대로 사람의 복을 베고 코를 자르는 것은 당시로서는 흔한 일이었고, 여색을 밝히는 것도 권력자의 일반적 속성이었습니다. 제나라 환공은 궁궐 안에 유곽을 만들어 궁녀를 200명이나 두었고 밤낮으로 향락에 탐닉하였지만 춘추5패 중 하나가 되었습니다.

말희와 달기 같은 여성을 등장시켜 그로부터 망국의 원인을 찾는 것도 마찬가지입니다. 역사가 늘 승리자의 기록이자 전리품임을 생각하면 새 왕조의 정당성을 강조하고 천명이 새 왕조에 있음을 선언하기 위해 적잖이 각색하고, 극적 요소를 가미한 것으로 볼 수 있습니다.

실제로 다수의 기록에는 우리가 알고 있는 주紂왕과는 사뭇 다른 주왕의 모습이 거론되고 있습니다. 《한비자》에는 신하 비중과 주왕의 다음과 같은 대화가 실려 있습니다.

"주나라 서백 창(주 문왕)은 현인입니다. 백성은 모두 그를 존경하고 제후들도 그를 따르는 형편이니 반드시 주벌하지 않으면 안 됩니다. 만약 그대로 내버려 둔다면 장차 우리 은나라의 화가 될 것입니다."

"너의 말대로라면 그는 의로운 통치자가 분명한데 어찌 그런 자를 죽일 수 있겠느냐."

사마천도 《사기》〈은본기〉'에서 다음과 같이 기록하고 있습니다.

'주제(주왕)는 천부적으로 변별력이 있고 영리하고 민첩하며 견문이 매우 빼어났고 힘이 보통 사람을 뛰어넘어 맨손으로도 맹수와 싸웠다.'

공자의 제자 중에서도 현실감각이 뛰어나고 외교와 정치, 이재에 밝았던 자공은 이렇게 말합니다.

"주紂왕의 포악함은 그처럼 혹심하지는 않았을 것이다. 그래서 군자는 하류에 처해 있기를 싫어하는 것이니, 그것은 천하의 악이 모두 그곳으로 돌아가기 때문이다. 〈자장편〉"

은나라 유민, 공자

나라를 잃으면 군주만 욕되게 죽임을 당하는 것이 아닙니다. 그 백성들도 정처 없이 떠도는 유민이 되거나, 다른 나라의 지배를 받는 처지에 놓이게 됩니다. 한마디로 조롱과 멸시의 대상이 되는 것인데 춘추·전국시대 송나라 사람이 바로 그런 처지였습니다.

새로 개국한 주나라는 은나라 주왕의 형인 미자를 제후로 봉하여 송나라를 세웠습니다. 공자가,

"미자는 떠나가 버렸고, 기자는 종이 되었고, 비간은 간하다가 죽었다. 〈미자 편〉"

고 한 바로 그 미자입니다. 은나라의 왕족인 미자를 내세워 은
나라 유민을 다스리기 위한 의도였습니다. 사정이 그러다보니 춘
추열국은 은근히 송나라와 그 백성들을 깔보고 멸시하였습니다.

춘추·전국시대의 고사 중에서 어리석은 행동으로 조롱거리가
된 이야기의 주인공 중에 송나라 사람이 많은 것도 그 때문입니
다. 토끼가 밭 가운데 그루터기에 부딪혀 목이 부러져 죽자, 그
후로 그루터기만 지키면서 다시 토끼를 얻을 수 있기를 바랐다는
수주대토의 고사, '백마는 말이 아니다'고 떠들고 다니다가 그 말
을 타고 관문을 통과하다 통행세(마세馬稅)를 내고 만 사람(아열),
벼가 자라지 않음을 걱정하여 벼를 뽑아 올려 말라 죽게 한 농부,
전쟁 중에도 인仁만을 고집하다 끝내 패전하고 만 군주의 이야기
(송양지인宋襄之仁)의 주인공이 전부 송나라 사람입니다.

공자는 바로 이 송나라와 깊은 연관이 있습니다. 송나라의 귀
족신분이었던 공자의 선조가 도중에 노나라로 이주하였다고 전
해지며, 그에 따르면 공자의 뿌리는 송나라에 연결되어 있었고,
근원을 더 올라가면 은나라에 닿았던 것입니다.

망국 은나라를 대하는 공자의 마음이 남다를 수밖에 없는 이유
입니다. 《사기》〈공자세가〉에 보면 죽음이 임박한 공자가 눈물을
흘리며 자공에게 말하는 대목이 있습니다.

"하늘 아래 도가 사라진 지 너무 오래되었다. 누가 내가 하는

말을 귀담아 들어줄 것인가? 자공아, 내가 어젯밤 꿈에 보니 하나라 사람은 동쪽 계단에, 주나라 사람은 서쪽 계단에, 은나라 사람은 두 기둥 사이에 누워있고, 나도 두 기둥 사이에 제물을 받은 채 누워있더구나. 내 조상은 바로 은나라 사람이구나."

오늘날 유학자들은 임금에게 반드시 권력과 위세를 잘 이용하라고 설득하지
않고, '힘써 인과 의를 실천하면 세상을 다스리는 임금이 될 수 있다'고 말한다.
이것은 세상의 임금이 반드시 공자 같은 사람이 되기를 바라는 것이고, 세상의
모든 백성들이 공자의 제자가 되기를 바라는 것이다.

《한비자》

8장

어떻게 읽어야
진실성이 담보되는가

인과 민

시대가 바뀌면 시대의 요구에 맞게 고전을 재해석하려는 움직임이 나타납니다. 때로는 특출한 학자에 의해 전혀 새로운 각도에서 고전이 재조명되기도 합니다. 이처럼 세월의 흐름에 따라 깊어지고 넓어지며 또 새롭게 변용된다는 것에 고전의 생명력, 참 가치가 있습니다. 《논어》도 마찬가지입니다.

《논어》 새로 읽기의 대표적인 사례는 '인人'과 '민民'을 구별하여 읽는 것입니다. 인을 노예주, 민을 노예계급이라고 분별하여 읽는 것인데 중국의 조기빈, 우리나라에서는 묵점 기세춘 같은 분이 그 대표자입니다. 그러나 다산 정약용도 인과 민의 구별을 전제로 하였고 따라서 그 역사는 꽤 오래되었다고 할 수 있습니다.

역사적, 발생사적으로 보면 춘추·전국시대 당시 '인'은 제후의 직할지 도성 안에 살던 국인國人들, 제후나 대부의 혈족(소종)들을 지칭하였습니다. 당연히 지배계층이었습니다. 반면 '민'은 각기 일정한 지역에 거주하며 정해진 일에만 종사하던 사민四民계층(사, 농, 공, 상)을 뜻하는 말로 피지배계층을 지칭합니다. 민은 본래 패망한 나라의 백성(氓)이나 문맹자(盲)와 의미를 같이 하는 말이기도 합니다.

《논어》에도 이러한 실정이 반영되어 민은 주로 부림(사민使民), 시혜(시민施民), 복종(민복民服)의 대상으로 서술됩니다. 반면 인은 사랑하고(애인愛人), 편안케 할(안인安人) 상대로 묘사됩니다.

〈학이 편〉에서 말한

'비용을 줄여 인을 사랑하고 민을 부림에는 때를 잘 맞춰야 한다. 節用而愛人 使民以時절용이애인 사민이시'

같은 구절이 대표적입니다. 〈자로 편〉의

"선인이 민을 7년 동안 가르치면 역시 전쟁에 나가게 할 수 있다. 善人教民七年 亦可以卽戎矣선인교민칠년 역가이즉융의"

는 구절도 마찬가지입니다. '인'은 가르치는 사람, '민'은 가르침을 받는 대상입니다.

이러한 사정 때문에 공자를 신분차별주의자, 공자의 인을 차별애로 규정하고 보수주의자라고 비판하게 된 것입니다. 반면에 그 대칭에 있던 묵자는 평등주의자, 겸애주의자, 진보주의자로 부각합니다.

그러나 이러한 역사적, 사회적 배경이 있다고 해서《논어》에 등장하는 인을 모두 '지배계층'으로 해석할 필요는 없습니다. 〈술이 편〉의

"세 사람이 길을 가면 반드시 내 스승이 있다. 三人行必有我師焉삼인행 필유아사언"

는 말처럼 그냥 '사람'으로 풀이해야 할 경우도 있고, 또 인이 기己와 대조적으로 사용될 때는 '남'으로 읽어야 문맥이 맞습니다. 〈위영공 편〉의

"군자는 자기에게서 찾고 소인은 남 탓을 한다. 君子求諸己 小人求諸人군자구저기 소인구저인"

는 말이 바로 그런 예입니다.

춘추·전국시대 말기로 가면 이와 같은 인과 민의 구별도 흐릿

해집니다. 인계층의 대부분을 차지하는 대부의 소종들은 명목은 귀족이나 하사받은 영지나 백성이 없어 대를 거듭할수록 그 지위가 열악해지고 점차 평민과 다를 바 없는 처지가 되었습니다. 그들은 자신들의 처지에 불만을 품고 폭동(국인폭동)을 일으키기도 하였습니다. 당연히 인과 민의 구별도 별 의미가 없게 되었습니다.

특히 오늘날은 신분제도가 완전히 사라졌고, 인과 민을 한데 묶어 백성이나 민중, 피지배층을 뜻하는 말(인민)로 사용하기도 합니다. 따라서 《논어》에 나오는 인을 굳이 지배계층으로 한정하여 해석할 필요는 없습니다. 번지가 인仁을 묻자(問仁) 공자는 '애인愛人'이라 답했는데, 이를 굳이 '지배계층을 사랑하는 것'이라고 협소하게 읽을 필요는 없는 것입니다.

군자와 소인

군자와 소인의 의미에 대해서도 다시 생각해볼 필요가 있습니다. 공자는 군자와 소인을 대비하여 자신의 사상이나 생각을 개진하기를 좋아했습니다. 《논어》에는 군자라는 표현이 백 여 회이상 등장합니다. 이를테면,

"군자는 의義에 밝고 소인은 이利에 밝다. 〈이인편〉"

와 같은 경우입니다.

군자라고 하면 '도덕군자'를 떠올리는데, 본래 군자君子는 글자 그대로 '임금의 자식들'을 가리키는 말이었습니다. 봉건제와 종법

제하에서 천자의 장자는 천자가 되고 그 밖의 자는 제후가 되며, 제후의 장자는 제후가 되고 그 밖의 자는 대부가 되기 때문에 임금의 자식들이란 곧 천자, 제후, 대부 등 지배귀족을 지칭하였습니다. 그러던 것이 점차 덕망과 학식을 갖춘 사람, 완성된 인격자를 뜻하는 말로 바뀌었습니다.

소인도 마찬가지입니다. 나이가 어린 사람, 체격이 왜소한 사람, 신분이나 지위가 낮은 사람을 지칭하다가 수양이 안 된 사람, 도량이 좁고 명리名利에 눈이 어두운 사람을 지칭하게 되었습니다.

이처럼 신분적, 자연적 의미의 군자와 소인을 인격적, 도덕적 개념으로 바꾼 사람이 공자입니다. 이를 통해 신분 있는 자(유위자有位者)의 지배를 덕이 있는 자(유덕자有德者)의 통치로 바꾸고자 하였습니다.

따라서 《논어》에 등장하는 군자와 소인은 대체로 인격적 의미의 인간, 유덕자와 무덕자로 읽어도 무방합니다.

예를 들어 〈자로 편〉에,

"군자는 태연하되 교만하지 않고 소인은 교만하되 태연하지 못하다. 泰而不驕驕而不泰태이불교 교이불태"

는 말이 나오는데, 여기서 군자와 소인은 수양의 정도와 도덕적 완성 여부에 따른 구별입니다.

그러나 군자를 '인격자'로 읽어서는 뜻이 애매해지는 구절도 종종 발견됩니다. 이를테면 이런 표현들입니다.

"군자가 용기만 있고 의로움이 없으면 난을 일으키게 되고, 소인이 용기만 있고 의로움이 없으면 도둑질을 하게 된다. 〈양화편〉"

용기만 있고 의로움이 없는 사람을 인격적 의미의 군자라고 할 수는 없습니다. 따라서 이때의 군자나 소인은 본래 의미대로 지배층(귀족)과 피지배층(하층민)으로 읽는 것이 더 적절합니다. 귀족이 용기만 있고 의로움이 없으면 반란을 일으키고 하층민이 용기만 있고 의로움이 없으면 도둑이 된다는 것입니다. 〈양화 편〉의 '군자가 도를 배우면 사람을 사랑하고 소인이 도를 배우면 부리기 쉽다 君子學道則愛人 小人學道則易使也군자학도즉애인 소인학도즉이사야'고 할 때의 군자와 소인도 지배층과 피지배층으로 해석해야 합니다.

때로는 공자 자신을 가리키는 말로 '군자'라는 말이 사용되기도 합니다.

공자께서 구이(동방의 아홉 개의 종족)의 땅으로 가서 사시고자 하자, 어떤 사람이 말했다.

"누추할 텐데 어떻게 하시렵니까?"

공자께서 말씀하였다.

"군자가 거기에 산다면 어찌 누추함이 있겠는가? 〈자한 편〉"

혹자는 이 때의 군자는 '공자' 자신이 아니라 '구이의 땅에 살고 있는 현지의 군자'를 말한다고 주장하기도 하는데, 문맥으로 보아 선뜻 수긍하기 어렵습니다.

나아가 공자의 가르침을 따르는 학파를 군자, 부국강병과 법치를 강조하는 현실주의파를 소인이라 칭한 대목도 있습니다. 공자는 제자 자하에게 다음과 같이 말합니다.

"너는 군자다운 선비가 되어야지 소인 같은 선비가 되지 말라. 女爲君子儒無爲小人儒여위군자유 무위소인유 〈옹야 편〉"

자하는 '사해동포가 모두 내 형제'라고 말한 사람으로 이후에 법가의 정책을 채택한 위나라 문후, 오기 등의 스승이 되었던 사람입니다. 따라서 공자는 그런 자하를 경계하면서 소인유가 되지 말라고 충고하였던 것입니다. 역시 '소인' 소리를 들었던 제자 번지와 공자가 '북을 치면서 성토해도 좋다'고 한 염유(구)도 현실주의파로 분류할 수 있습니다.

앞서 "군자는 덕을 생각하고 소인은 땅을 생각한다. 君子懷德小人懷土군자회덕 소인회토 〈이인 편〉"는 말을 언급하였는데, 여기서 말하는 군자와 소인도 인격적 의미가 아니라 공자학파와 현실주의파를 뜻하는 것으로 볼 수 있습니다. 그렇게 보면 위 말은 '군자(공자학파)는 덕치를 생각하는데, 소인(현실주의파)은 영토(겸병전쟁)를 생각한다'로 풀이할 수 있습니다.

이처럼 《논어》에 나오는 군자와 소인은 다양한 의미를 띠고 있고, 따라서 어떤 의미의 군자이고, 어떤 의미의 소인인지 생각해 가며 《논어》를 읽는 것도 유익한 경험이 될 것입니다.

그렇다면 아래 일화의 군자는 어떤 의미로 쓰인 것일까요? 《논어》〈자한 편〉에 다음과 같은 대화가 있습니다.

태재가 자공에게 물었다.
"공자는 성자입니까? 어찌 그리 다능하신가요?"
자공이 말했다.
"본래 하늘이 큰 성인으로 삼고자 하였으니, 또한 다능한 것입니다."
공자께서 이를 듣고 말씀하였다.
"태재가 나를 알겠는가? 나는 어려서 비천했기 때문에 친한 일에도 다능하게 되었다. 군자가 다능할까? 다능하지 않다."

전통적인 견해는 여기서 공자가 말한 '군자'를 '유덕자'로 해석합니다. 군자는 여러 가지 재주를 가진 사람이 아니라 전인적 인격을 갖춘 사람이고, 따라서 군자는 다재다능하지 않고, 그럴 필요도 없다는 것입니다.

그러나 '다능비사'와 '유덕자'는 비대칭적인 개념입니다. '천한 일에 두루 능한 사람'도 '유덕자'가 될 수 있는 반면 '무능비사'도 '무덕자'가 될 수 있습니다. 무엇보다 전통적 견해에 따르면 '다능비사'한 인물인 공자는 '유덕자'가 아니라는 결론에 도달합니다.

따라서 여기서 공자가 말한 '군자'는 '유덕자'가 아니라 '유위자' '귀족계급'을 말한다고 보는 것이 더 적절합니다. 공자의 말은 대략 이런 뜻이라 할 것입니다.

'나는 어려서 비천했기 때문에 천한 일에도 두루 능하게 되었다. 귀족들이 나처럼 다능(해야)할까? 그럴 필요가 없겠지.'

화동담론

〈자로 편〉에는 두고두고 회자되는 공자의 그 유명한 말씀이 등장합니다.

"君子和而不同 小人同而不和 군자화이부동 소인동이불화"

이른바 화동담론입니다. 통상 '군자는 화합하되 같지 않고, 소인은 같으면서도 화합하지 못한다'로 해석되는 구절입니다. 그 자체로 깊이 음미할 가치가 있는 말임은 분명합니다.

여기서 군자와 소인이 지배계층과 피지배계층을 뜻하지는 않을 것입니다. 귀족이라고 늘 화합하고 하층민이라고 언제나 불화하는 것은 아니기 때문입니다. 인격에 따른 구별, 유덕자와 무덕자로 보는 것이 일반적입니다.

나아가 이를 단순한 처세론이 아니라 철학적 담론이나 정치사상으로 이해하려는 견해도 있습니다. 작고한 신영복 선생 같은 분이 그런 사람인데, 그에 따르면 '화和'는 관용과 공존의 논리이고 '동同'은 지배와 흡수합병의 논리라는 것입니다. '화和'는 '각종 고기와 야채를 넣고 끓인 국'과 같고 '동同'은 '하나의 구성물, 균질의 물'과 같다는 해석도 이와 일맥상통합니다. 따라서 공자의 화동담론을 다음과 같이 읽습니다.

'군자는 다양성을 인정하고 지배하려 하지 않으며, 소인은 지배하려고 하며 공존하지 못한다.'

춘추·전국시대는 알다시피 패권의 추구와 겸병전쟁이 일상화된 시대였습니다. 공자는 이러한 당대의 현실에 매우 비판적이었습니다. 그는 중앙집권적 국가가 아니라 지방분권과 연방제를 의미하는 종래의 봉건제를 옹호하였고, 당연히 정복전쟁, 지배, 흡수합병에 반대하였습니다. 따라서 화동담론을 신영복 선생처럼 해석하는 것도 나름의 근거가 없지 않습니다.

그러나 앞서 본대로 군자는 인격자, 지배층을 일컫는 말이자 때로는 공자 자신이나 공자학단을 뜻하기도 하였습니다. 반대로 소인은 무덕자, 피지배층뿐 아니라 법가, 묵가와 같은 이단의 무리를 지칭한 말이기도 합니다.

공자가 차별적 신분질서를 전제로 하여 그 조화를 추구한 반면, 묵가, 법가는 정면으로 평등을 지향하였습니다. 차별애에 대립되는 겸애, 상동尙同을 주장하였고, 지위고하를 막론한 법의 평등한 적용, 보편적 법질서를 주장하였습니다. 그런 측면에서 '화和'는 유가의 논리이고 '동同'은 묵가와 법가의 논리라 할 수 있습니다. 따라서 이 화동담론은 다음과 같이 해석할 수도 있습니다.

'군자(유가)는 부동(不同, 차별적 질서)속에서 조화를 추구하지만, 소인(법가)은 평등을 좇고 조화를 모른다.'

화동和同의 참 뜻이 어디에 있는지 단언할 수는 없습니다. 그러나 인종, 종교, 민족, 이념, 계급, 계층, 지역, 세대 간 갈등과 분쟁이 끊이지 않는 오늘의 현실에서 '다름 속에서 조화를 추구'한 공자의 이상은 새롭게 조명될 필요가 있습니다.

논리적 《논어》읽기

《논어》는 〈학이〉부터 〈요왈〉까지 총 20편으로 이루어져 있고, 각 편은 다시 짤막한 여러 개의 장으로 구성되어 있습니다. 이러한 《논어》의 각 편과 장을 가능한 한 논리적 연관 하에 읽는 시도도 《논어》새로 읽기의 한 방법입니다.

물론 《논어》는 앞서 본 대로 한 사람이 쓴 것도 아니고 일정한 체계가 있는 것도 아닙니다. 제자들이 공자의 언행 중에서 비슷한 것을 대략 모아 각 편을 만들고 편의 제목도 앞의 두 세 글자를 따서 지은 책입니다. 따라서 논리적 《논어》읽기에는 한계가 있습니다. 그러나 공자의 사상을 깊이 있게 이해하는 데는 일정한 도움이 됩니다.

첫 편인 〈학이 편〉을 예로 들어 보겠습니다. 〈학이 편〉은 16개의 짧은 장으로 되어 있고, 등장하는 인물도 공자, 유약, 증삼, 자하, 자공 등으로 다양합니다. 언뜻 보면 이들의 말을 단순히 나열한 것으로 보입니다. 그러나 〈학이 편〉은 《논어》의 첫 편이고, 따라서 상당한 심혈을 기울여 편집했다고 보아야 합니다.

우선 등장인물의 순서에 주목하는 견해입니다. 공자 바로 다음에 유약이, 뒤를 이어 증삼, 자하, 자공이 나오는데, 이것이 단지 우연은 아니라는 것입니다. 유가집단에서 차지하는 그들의 위상이나 세력구도가 반영되었다는 것입니다. 시조 공자에 이어 유약이 공자학단의 후계자로 추대되었고, 이어 반대파인 증삼이 중요 지도자가 되었으며, 그러자 자하가 문하를 이끌고 독립하였다는 것입니다. 이러한 설을 뒷받침하는 이야기가 맹자에 나옵니다.

'훗날 자하와 자장 그리고 자유는 유약이 공자를 닮았다면서 공자를 섬기던 예로 그를 섬기자고 증자에게 요구했으나 증자가 그럴 수 없다고 거절하였다.'

따라서 이러한 학단의 계보 및 세력구도가 그대로 〈학이 편〉 등장인물의 순서로 투영되었다고 보는 것입니다.

《논어》의 총론, 학이

최술 같은 사람은 〈학이 편〉은 《논어》의 총론이고, 공자사상의 요체가 들어있다고 보기도 합니다. 앞서 '학이시습지學而時習之'로 시작하는 첫 장이 '공자의 일생'을 함축한 것으로서 의미가 큰 것과 같은 맥락입니다.

〈학이 편〉이 《논어》의 총론이라면 과연 어떤 내용이 중심을 이루어야 할까요? 그렇습니다. 공자사상의 핵심이라 할 인仁을 빼놓을 수는 없습니다. 그래서 〈학이 편〉은 유명한 첫 장에 이어 바로 '유자'의 입을 통해 '인仁'을 이야기합니다.

"그 사람됨이 효성스럽고 공손하면서 윗사람을 범하는 자는 드물다. 윗사람을 범하기를 좋아하지 않으면서 난을 일으키기를 좋아하는 자는 없다. 군자는 근본에 힘쓰고 근본이 서야 도가 생긴다. 효도와 공손은 인을 실천하는 근본이다."

첫 장의 학문하는 목적, '배우고 제 때 익히며, 벗이 먼 곳에서 찾아오고, 군주가 알아주기를 기다리는 목적'이 바로 인의 실현에 있다고 선언한 것입니다.

다음으로 인을 실천하는 방법입니다. '부모에게 효도하고 윗사람에게 공손한 것으로부터 시작하여(孝弟也者 其爲仁之本與효제야자기위인지본여) 널리 사람을 사랑하는 것(愛人애인, 汎愛衆범애중)으로 나아가는 것'이라고 말합니다. '웅덩이를 다 채운 후에야 앞으로 나아가는 물'처럼 가까운 곳에서 먼 곳으로, 작은 것에서 큰 것으로, 쉬운 것에서 점차 어려운 것으로 인을 실천해간다는 것입니다. 그래야 누구나 쉽게 실천할 수 있고 지속가능하다고 말합니다.

인의 실천주체도 거론됩니다. '인은 특별한 사람, 배운 사람만 실천할 수 있는 것이 아니다. 누구나 마음만 먹으면 할 수 있다. 오히려 교묘하게 말을 하고 얼굴빛을 꾸미는 사람치고 인한 사람이 드물다(巧言令色鮮矣仁교언영색선의인)'고 합니다.

끝으로 인을 실천하는 자세입니다. '비록 남이 알아주지 않더라도 염려하지 말고 묵묵히 실천하라(不患人之不己知불환인지불기지)', '우선 실천에 힘쓰고 남은 힘이 있거든 배우라(行有餘力 則以學文행유여

서로 관련 없고 무질서하게 보이지만 공자 사상의 핵심이 들어 있는 것이 〈학이 편〉이고, 그래서 《논어》의 가장 잎머리를 차지하고 있다고 볼 수도 있습니다.

〈학이 편〉 다음에는 〈위정爲政 편〉이 나옵니다. '학문하는 목표가 세상을 올바로 다스리는데 있으므로 〈학이 편〉 다음에 〈위정 편〉이 놓였다'고 해석하는 사람도 있고, 다산 정약용은 이를 '배웠으면 실천한다, 정치에 나아간다'는 뜻으로 해석합니다. 사민士民계층이 학문과 정치를 대하는 기본태도를 여실히 알 수 있습니다.

《논어》 20편 중 마지막 편은 〈요왈〉입니다. 〈요왈 편〉에는 요임금, 순임금, 우임금, 탕왕, 무왕 등 이른바 역대 성왕들이 등장합니다. 배우고(학이) 정치에 나아가서(위정) 마침내 성왕의 덕치, 요·순의 무위지치를 이루고자 한 뜻이 담겨 있다고 할 수 있습니다.

〈요왈 편〉 끝 장, 그러니까 《논어》의 맨 마지막 장이 명命으로 끝나는 것도 의미를 둘 수 있습니다.

"명을 모르면 군자가 될 수 없고, 예를 모르면 설 수 없고, 말을 모르면 사람을 알 수 없다. **不知命 無以爲君子也**부지명 무이위군자야..."

다산은 《논어》의 첫 편 첫 장이 '학學'으로 시작하여 마지막 편 마지막 장이 이처럼 '명命'으로 끝나는 것은 '많이 듣고, 많이 보아 마침내 천명을 깨닫는', '배움을 통해 하늘의 이치를 터득하는' 공자의 하학상달의 정신을 상징한다고 보았습니다.

진작, 위작

《논어》의 각 편篇과 장章을 진실과 거짓, 진작과 위작으로 구별하여 읽기도 합니다. 실제로 《논어》의 전편과 후편은 표방하는 사상, 용어, 문체 등에 있어서 차이가 있고 하나의 책이라고 보기 어려운 점도 있습니다.

최술은 공자가 위영공의 처인 남자南子를 만나보았다는 장章(옹야 편)과 공자가 공산불요나 필힐의 초빙에 응하려 했다는 장章(양화 편)을 대표적인 거짓으로 봅니다. 성인인 공자께서 설마 음란한 여자로 알려진 남자南子를 만나거나 반란자인 공산불요나 필힐의 초빙에 응할 리가 없다는 것입니다. 공자와 양호의 만남을 허위로 분류하지 않은 이유도 마찬가지입니다. 그때는 공자가 반란자인 양호의 제안을 거절했기 때문입니다.

그러나 이는 그의 주관적인 희망일 뿐 근거가 없고 공자의 평소 태도와도 배치되는 주장입니다. 공자는 가르침의 대상에 차별을 두지 않았고, 자신의 이상을 실천하기 위해 동분서주하였습니다. 풍찬노숙하며 춘추각국을 14년간이나 주유한 사람이 공자입니다. 그는 호향 마을의 일개 어린아이가 찾아왔을 때도

"나아감과 함께 하고 물러남과 함께 하지 않는다. 어찌 심하게 대하겠는가? 사람이 자기를 깨끗이 하고 나오면 그 깨끗함과 함께하는 것이지 그의 과거를 보증하는 것이 아니다. 與其進也 不與其退也 唯何甚 人潔己以進 與其潔也 不保其往也 여기진야 불여기퇴야 유하심 인결기이진 여기결야 불보기왕야 〈술이 편〉"

고 했습니다. 무엇보다 공자가 그들에게 가고자 했던 절절한 이유야말로 진실성에 대한 최대의 담보입니다. 공산불요가 당대의 세력가 대부 계씨에게 반기를 든 것은 결국 제후(노나라 군주)의 권력을 회복하는 셈이 되므로 공자가 이에 응하려 하였다고 보는 사람도 있습니다.

〈계씨 편〉의 다음과 같은 공자의 말도 위작으로 보는 사람이 있습니다.

"날 때부터 아는 사람은 상등이고, 배워서 아는 사람은 그 다음이다. 生而知之者上也學而知之者次也생이지지자 상야 학이지지자 차야"

공자 스스로 '나는 날 때부터 알고 있는 사람이 아니다 我非生而知之者아비생이지지자 〈술이 편〉'고 했을 뿐 아니라, 진리는 다양한 경험과 부단한 학습, 그리고 실천을 통해서 터득된다는 공자의 평소 생각과 상치되기 때문입니다.

장절의 분리, 통합

《논어》500장 중 어떤 장章은 분리하고 어떤 장은 하나로 통합되어야 한다는 주장도 있습니다. 실제로 《논어》의 어떤 장은 주제, 인물, 시기가 각기 다른 장면들이 한 데 섞여 있고 따라서 이를 적절히 분리하거나 통합할 때 그 뜻이 더 분명해지는 경우도 있습니다. 물론 그렇게 되면 20편 500장이라는 《논어》의 기본구성도 바뀌게 됩니다.

예를 들어 〈공야장 편〉 제1장은 공자가 자신의 딸을 공야장에게 시집보내는 장면과 형의 딸을 남용에게 시집보내는 장면이 포함되어 있는데, 이 두 가지 행위는 그 시기가 각기 다를 뿐 아니라 공야장과 남용에게 이들을 시집보내는 이유도 전혀 다릅니다.

또 〈술이 편〉 제10장 공자와 안연, 공자와 자로의 대화는 대화의 주체, 시기, 주제가 모두 다르고, 결과적으로 공문和門의 큰 형님이자 2인자라 할 자로를 한낱 시샘꾼 정도로 폄하하는 결과가 되어 같은 장으로 묶는 것이 부적절합니다. 그 전문을 보면 이렇습니다.

공자가 안연에게 말씀하였다.
"쓰이면 행하고 버리면 숨는 것은 오직 너와 나만이 할 수 있을 것이다."
자로가 말했다.
"선생님께서 삼군을 통솔하신다면 누구와 함께 하시겠습니까"
공자가 말씀하였다.
"맨손으로 범과 싸우고 맨몸으로 강을 건너면서도 죽어도 후회함이 없는 사람과는 함께 하지 않을 것이다. 반드시 일에 임해서는 두려워하고 미리 계획해서 이루어내는 자와 함께 할 것이다."

하나의 장으로 묶어 놓으니 앞 뒤 문맥이 잘 연결되지 않는 것이 사실이고, 따라서 안연과의 대화와 자로와의 대화를 두 개의 다른 장으로 나누어야 한다는 것입니다.

세상의 유학자들은 스승을 믿고 옛것이 옳다고 하기를 좋아하여 현인이나
성인이 말한 것은 모두 잘못이 없다고 생각해서 오로지 정밀하게 강습하기만
하고 따져 물을 줄을 알지 못한다.

공자에게 묻는다(問孔 문공)

9장

선택, 상하좌우의
한 가운데서

미생고 이야기

〈공야장 편〉에 다음과 같은 이야기가 실려 있습니다.

공자가 말씀하었다.

"누가 미생고를 정직한 사람이라고 하는가? 어떤 사람이 식초를 얻으러 오자 이웃집에서 얻어다 주었다 한다. 子曰 孰謂微生高直 惑乞醯焉 乞諸其隣而與之 자왈 숙위미생고직 혹걸혜언 걸제기린이여지"

보통 '식초가 없으면 없다고 하면 되지 체면 때문에 남에게 빌려서까지 주는 것은 위선적인 행동이고, 공자는 이를 지적한 것이다'라고 해석을 합니다.

그러나 아무래도 석연치가 않습니다. 그냥 거절하지 않고 이웃에게서 빌려서 준 행동은 분명 선한 행동이고, 체면 때문에 그런 것인지도 알 수 없을 뿐 아니라 설령 그것이 위선이라 하더라도 그 일 하나로 미생고를 부정직한 사람으로 단정하는 것은 섣부르고 가혹하기 때문입니다.

그래서 미생고는 공자의 친한 친구이고 '어떤 사람'은 바로 공자 자신이며, 공자가 친구 미생고를 위해 선의의 농담을 한 것이라고 말하는 사람도 있습니다. 그러나 명색이 여러 제자를 거느린 공자가 직접 식초를 얻으러 갔다는 것은 납득하기 어렵고, 따라서 이 설도 그냥 믿기는 어렵습니다. 아마도 당시 '미생고'는 매우 정직한 인물로 회자되고 있었는데, 누군가로부터 이 일화를 전해들은 공자가 농담처럼 제자들에게 말했을 수는 있습니다.

공자의 말이 단순한 농담이나 덕담이라면 거기서 숨겨진 의미를 찾으려는 노력은 처음부터 허망하고 맥 빠지는 일입니다. 그 때문에 일본 유학계에서는 '《논어》에 대한 전통적인 주석의 권위에 주눅 들지 말고 주체적이고 독립적으로 해석하고 상상할 필요가 있다'는 생각이 대두되게 되었습니다.

비단 '미생고' 이야기 뿐 아니라 《논어》에는 선뜻 납득되지 않는 공자의 말이나 서로 모순된 행동들이 종종 발견됩니다. 공자도 어쩔 수 없는 인간인지라 실수를 했을 수도 있고, 제자들의 특성에 맞게 각각 다른 가르침을 준 때문일 수도 있습니다. 듣는 사람의 곡해나 문파文派간의 갈등 때문에 왜곡되었을 수도 있고, 심지어 후학들이 임의로 지어낸 이야기일 수도 있습니다.

앞서 말한 것처럼 우리가 공자 마음속을 들여다볼 수 없는 이상 무엇이 공자의 진실인지는 단언할 수 없습니다. 다만 이렇게 저렇게 추론하고 궁리해볼 따름입니다. 아무튼 여러 사람에 의해 편집되고 첨삭되었던 《논어》의 특성상 서로 모순·저촉되는 내용이 적지 않고 따라서 그중 공자의 진의가 어디에 있었는지 생각해보는 것도 의미 있는 일이 될 것입니다.

번지와의 대화

그 중에서 공자가 가장 비난받는 대목이 바로 공자와 번지의 다음과 같은 대화입니다.

번지가 곡식 농사에 대해서 가르쳐주기를 청하자, 공자께서 말씀하였다.
"나는 늙은 농부만도 못하다."
다시 번지가 채소 농사짓는 데 대해서 가르쳐주기를 청하자, 공자께서 말씀하였다.
"나는 늙은 채소 농사꾼만도 못하다."
번지가 나가자 공자께서 말씀하였다.

"소인이구나, 번수(지)는. 윗사람이 예를 좋아하면 백성들은 감히 공경처 않을 수가 없고, 윗사람이 의를 좋아하면 백성들은 감히 복종하지 않을 수 없고, 윗사람이 신을 좋아하면 백성들은 감히 성실하지 않을 수가 없다. 이렇게 된다면 사방의 백성들이 자식들을 포대기 싸서 업고 모여들 것이니, 농사짓는 것은 배워서 무엇 하겠느냐. 〈자로 편〉"

제자 번지가 농사에 대해 물어보았다고 대뜸 '소인'이라고 말했을 뿐 아니라, 그것도 당사자가 없는 자리에서 속칭 뒷담화를 한 것입니다. 이 문답으로 인해 공자를 노동을 천시하고 민생을 무시한 귀족주의자나 한낱 이상주의자로 생각하기도 합니다. 명나라의 이탁오 같은 인물도 '농사짓는 법도 모르고 그저 놀고먹겠다는 사람을 배워서 뭣하냐'고 항변하기도 하였습니다.

그러나 번지가 진정 농사짓는 법이 궁금해서 공자에게 물은 것은 아닙니다. 농사일이 궁금하면 공자가 아니라 농부에게 물으면 될 입니다. 곡식농사에 이어 굳이 채소농사를 다시 물은 것도 그의 질문이 단순한 질문이 아니라는 것을 말해줍니다. 곡식농사를 모르는데 채소농사인들 잘 알겠습니까?

사실은 공자에게 농업이 중요하다, 강한 군대가 필요하다고 문제제기를 한 것입니다. 농사와 전쟁은 상앙과 같은 법가, 현실주의 유가의 최대 관심사였습니다. 당시 춘추각국은 너나없이 농사와 전쟁을 독려하며 부국강병에 몰두하고 있었는데, 번지가 이런 대세에 따를 것을 촉구한 것입니다. 당연히 공자의 입에서 '소인' 소리가 나올 수밖에 없었습니다. 여기서 '소인'은 '무덕자'를 지칭하기보다 '법가'나 '현실주의 유가'를 가리킨다고 보아야 할 것입니다.

한편으로 공자의 탄식에는 제자 번지가 현실적, 실용적인 것에만 관심을 두고, 위기지학爲己之學, 인격의 도야 같은 큰 문제를 게을리 하는 것에 대한 경계의 의미가 담겨 있다고 풀이할 수도 있습니다.

양호와 공산불요와 필힐

역시 이해가 잘 안 되는 대목이 양호와 공산불요와 필힐을 대하는 공자의 모순된 태도입니다.

공자는 정치참여에 대한 열망이 강한 사람이었습니다. 제자 자공이 '아름다운 옥이 여기에 있다면 궤 속에 넣어 감춰두겠습니까? 좋은 상인을 찾아서 파시겠습니까?'하고 묻자, 두 말 없이

"팔아야지, 팔아야지! 나는 상인을 기다리고 있느니라. 〈자한편〉"

고 말했습니다.

앞서 본 것처럼 공자를 비롯한 유가들에게 정치참여는 선택의

문제가 아니었습니다. 자기수양을 통해 치국·평천하에 기여하는 것, 이른바 수기치인修己治人은 사민계층의 꿈이자 생계의 수단이었고, 공자는 이러한 사민계층의 정치적 대변자였습니다. 이들을 세력화해서 종래의 세습귀족정치를 인치, 덕치로 견인하여 성왕의 정치를 실현하고자 하였습니다. 공자 스스로 끊임없이 정치참여의 길을 모색한 것도, 그의 제자들이 다투어 정치에 참여한 것도 그 때문입니다.

그런 공자였지만 노나라의 실력자 양호의 초빙에는 응하지 않았습니다. 양호는 대부 계씨의 가신출신으로 반란을 일으켜 당대의 실권을 장악한 인물입니다.

"보배로운 재능을 지니고 있으면서도 자기의 나라를 어지럽게 버려둔다면 인하다고 할 수가 있겠습니까?"

"그렇다고 할 수 없지요."

"정치하기를 좋아하면서도 자주 기회를 놓친다면 지혜롭다고 할 수가 있겠습니까?"

"그렇다고 할 수 없지요."

"날과 달은 지나가고 세월은 우리와 함께 머물러 있어주지를 않습니다."

"그렇습니다. 나도 장차 벼슬살이를 할 겁니다. 〈양화 편〉"

공자가 양호의 초빙을 거절한 것과 관련해 여러 가지 해석이 있습니다. 가신출신의 양호가 제후나 대부와 같은 권력을 행사하는 것이 마땅치 않았을 것이라는 설도 있고, 무력과 전쟁을 혐오한 공자가 반란자인 양호에 가담키는 어려웠을 것이라는 이야기도 있습니다.

그러나 그와 같은 해석은 문제가 있습니다. 공자가 같은 가신출신의 반란자인 공산불요나 필힐의 초빙에는 응하려 하였기 때문입니다. 공산불요가 비읍을 거점으로 반란을 일으킨 후 공자를 부르자 공자는 가려고 하였습니다. 필힐(진나라의 대부 조간자의 가신)이 중모읍을 거점으로 반란을 일으키고 공자를 부를 때도 마찬가지였습니다. 자로가 이를 만류하자, 공자는,

"나를 부르는 사람이 어찌 부질없이 부르겠는가? 나를 써주는 사람이 있다면 나는 그 나라를 동쪽의 주나라로 만들 것이다. 〈양화 편〉"

"굳다고 말하지 않겠느냐, 갈아도 엷어지지 않는다면! 희다고 말하지 않겠느냐, 물 들여도 검어지지 않는다면! 내 어찌 조롱박이란 말이냐? 어찌 매달려 있기만 하고 먹히지 않을 수 있겠느냐. 〈양화 편〉"

고 했습니다.

분명 전후 모순된 행동입니다. 신분질서를 문란케 하고 무력을 사용한 것은 양호나 공산불요나 필힐이나 차이가 없기 때문입니다.

그래서 새로운 해석이 등장합니다. 공자와 양호는 적대적 라이벌이었기 때문에 공자가 양호를 피하고 초빙에 응하지 않았다는 것입니다. 앞서 양호와의 대화에서도 알 수 있는 것처럼 양호는 단순한 반란군이 아니라 상당한 교양과 학식을 갖춘 사람이었고, 따르는 무리도 적지 않았으며, 세습귀족정치를 바꾸어보려는 야망을 가진 사람이었다는 것입니다.

광匡 땅 사람들이 공자를 양호로 착각하여 죽이려하였다는 것(자한 편)도 공자와 양호가 체격, 생김새 뿐 아니라 행동거지 및 행태에 있어서 상당히 흡사하였다는 것을 암시합니다. 다만 다른 점이라면 양호가 무력도 불사하는 현실주의자인 반면 공자는 학문과 교양, 문화의 가치를 끝까지 신뢰한 이상주의자였다는 것입니다. 양호는 '부자가 되려고 하면 인仁할 수 없고, 인仁하려고 하면 부자가 될 수 없다(爲富不仁矣 爲仁不富矣위부불인의 위인불부의)'고 했는데, 이 말을 통해 우리는 양호가 어떤 사람인지 충분히 짐작할 수 있습니다.

공자의 아이러니를 풀 실마리는 어쩌면 좀 더 쉽게 찾을 수 있을지 모릅니다. 양호의 제안을 거부할 당시 공자의 나이는 대략

40대 후반 무렵으로 추정됩니다. 아직 혈기도 왕성하고 기회도 많이 남아 있을 때입니다. 그러나 공산불요의 초빙을 받을 당시는 50대, 필힐의 초청을 받을 때는 이미 60대의 노년이었고 그마저 수 년 간의 주유천하로 지칠 대로 지친 때였습니다.

임무는 중한데 갈 길은 멀고, 해는 뉘엿뉘엿 지고 있는 상황이었습니다. '이러다간 아무 것도 이루지 못하는 것이 아닌가' 하는 어떤 초조함, 조바심 같은 것이 공자를 공산불요나 필힐에게 다가가게 하였는지도 모를 일입니다.

교육에는 차별이 없다

유교무류有敎無類! 〈위영공 편〉에 있는 공자의 말입니다. '가르침에는 (신분, 귀천 등에 따른) 차별이 없다'로 해석되기도 하고, '교육을 받으면 선인·악인의 구별이 없어진다'로 읽을 수도 있으며, '배우면 평등해진다'로 진보적으로 새길 수도 있습니다.

공자가 인간에 대한 기본적 신뢰 속에서 교육의 가치를 중시하였고, 가르침에 있어서 상당히 개방적인 태도를 취했다는 것을 알 수 있습니다. 공자 주위에 다양한 계층의 많은 제자들이 몰려들고, 중국 최초의 사학집단이 형성된 이유도 아마 여기에 있을 것입니다.

그러나 공자가 살던 춘추시대는 기본적으로 존비, 장유, 남녀,

적서의 차별이 엄연한 봉건적 신분사회였고, 따라서 공자가 모든 인간을 평등하게 신뢰하고 모든 인간에게 교육의 필요성을 인정하였던 것은 아닙니다.

그 대표적인 사례가 공자의 많은 제자 중에 여성 제자가 단 한 명도 없었다는 사실입니다. 당시에도 글을 깨우친 여성이 없지는 않았으나 그럼에도 공자는 여성을 제자로 들이지 않았습니다. 심지어 공자는 여성에 대해 다음과 같은 편견을 표출하기도 합니다.

"여자와 소인은 다루기가 어렵다. 가까이 하면 불손해지고, 멀리하면 원망한다. 〈양화 편〉"

그러나 이는 공자의 한계라기보다는 시대적 제약이라고 보아야 공평합니다. 공자에게도 처와 딸(공야장 편)이 있었지만 그 이름마저 알려지지 않았습니다. 남녀차별이 제도화된 사회에서 여성 제자를 들인다는 것은 당시로서는 상상할 수 없는 일이었고, 어쩌면 혁명보다 위험하고 어려운 일이었을 것입니다. 이탁오는 공자로부터 2,000년이나 더 지난 시점에 여성 제자를 들었다는 이유로 온갖 염문설에 휩싸이고 이단으로 배척받아 죽음에 이르렀습니다.

공자가 교육의 가능성, 필요성을 인정한 것은 남성, 그것도 주로 사민士民계층이나 중간 정도의 사람(중인中人)이었습니다.

그는 이렇게 말합니다.

"중간 이상의 사람에게는 높은 수준의 것을 일러줄 수가 있으나, 중간 이하의 사람에게는 높은 수준의 것을 일러줄 수가 없다. 〈옹야 편〉"

"백성은 법도에 따르도록 할 수는 있으나, 그 이치를 다 알게 할 수는 없다. 〈태백 편〉"

"오직 최고로 지혜로운 사람과 최하로 어리석은 사람만은 바꾸지 않는다. 〈양화 편〉"

그는 사민±民계층의 정치적 가능성, 교육의 필요성에 특별히 주목하였고, 이들의 교육, 정치참여를 통해 궁극적으로 덕치와 인치의 성왕정치를 실현하고자 하였습니다. 스스로 사민계층 출신인 공자로서는 어쩌면 당연한 일이고, 여기에 공자의 성취와 한계가 동시에 존재하는 것입니다.

이에 대해 맹자는 조금 다른 견해를 피력합니다. 공자가 말한 '중간 이하의 사람', '최하로 어리석은 사람'을 신분적, 지능적 개념이 아니라 심리적, 정신적 개념으로 보아 '자포자기한 사람' '스스로 선을 긋고 배우기를 거절한 사람'으로 보는 것입니다. 〈옹야 편)의 다음과 같은 공자의 말에 뿌리를 두고 있습니다.

염구가 말했다.

"선생님의 도를 기뻐하지 않는 것은 아니나 제 힘이 부족합니다."

공자가 말씀하였다.

"힘이 부족한 사람은 도중에 그만두는데 지금 너는 스스로 선을 긋고 있구나."

이러한 맹자의 견해에 의하면 공자를 단순히 신분차별주의자라고 단정할 수는 없게 됩니다.

무신불립

잘 알려진 무신불립에 관한 이야기도 오해의 소지가 많은 부분입니다. 원문은 이렇습니다.

자공이 정치에 대해서 물어보자 공자께서 말씀하였다.

"식량을 넉넉하게 비축하고 무기를 충분히 갖추고 백성들이 믿도록 하는 것이다."

자공이 다시 물었다.

"부득이 꼭 한 가지를 버려야 한다면, 이 세 가지 중에 무엇을 먼저 버리시겠습니까"

공자께서 말씀하였다.

"무기를 버린다."

다시 자공이 물었다.

"부득이 꼭 한 가지를 버려야 한다면 남은 두 가지 중에 무엇을 먼저 버리겠습니까"

공자께서 말씀하였다.

"식량을 버린다. 옛날부터 모든 사람에게 죽음은 있었던 것이나, 백성들이 믿지 않는다면 나라가 존립할 수 없는 것이다. 〈안연 편〉"

보통 '정치에 있어서 중요한 것은 국민의 신뢰이고 국민의 신뢰가 없으면 나라나 정부는 존립할 수 없다'는 뜻으로 새깁니다.

혹자는 이 이야기야말로 공자의 비현실적 태도, 이상주의적 경향을 잘 보여주는 것이라고 말합니다. 백성들의 신뢰는 '나라가 태평하고 백성이 편안한 것'에서 나오는데, 국민들의 안전과 먹고 사는 문제를 해결하지 못하는 정치가 어떻게 국민의 신뢰를 받을 수 있겠느냐는 것입니다.

이에 대해 '성인인 공자가 민생과 국방의 중요성을 몰랐다는 것은 말이 되지 않는다. 공자 스스로 정치의 3요체로 민생과 국방과 신뢰를 말한 것이다. 이는 단지 극단적 상황에 대한 문답일 뿐이다'고 재반박하는 사람도 있습니다. 그들은 실례로 〈자로 편〉의 다음 이야기를 거론합니다.

공자께서 위나라에 계실 때에 염유가 수레를 몰았는데 공자께서 말씀하였다.

"인구가 많아졌구나."

염유가 말했다.

"인구가 많아졌으면 또 무엇을 더해야 합니까?"

공자께서 말씀하였다.

"그들을 부유하게 해주어야 한다."

또 염유가 말했다.

"부유하게 된 다음에는 또 무엇을 해야 합니까?"

공자께서 말씀하였다.

"그들을 가르쳐야 한다."

공자는 섭공이 정치에 대해서 묻자,

'가까이 있는 사람을 기쁘게 하고, 멀리 있는 사람을 찾아오게 하는 것이다. 近者說遠者來근자열 원자래 〈자로 편〉'

고 말하기도 했는데, 가까이 있는 사람(국민)을 기쁘게 하고 멀리 있는 사람(타국민)을 찾아오게 하는 길은 민생의 안정과 평화에 있습니다. 분명 앞서 자공과의 대화와 상충하는 면이 있습니다.

과연 공자는 민생과 국방의 중요성을 몰랐던 것일까요? 공자는 열국이 할거하며 각기 부국강병에 몰두하고, 겸병전쟁이 일상화된 당대의 현실에 강한 거부감을 가지고 있었습니다. 대신 봉건질서의 회복과 평화로운 공존, 덕치와 예치를 염원하였습니다.

부국강병은 결국 인구, 농사, 무기에서 나오는 것인데, 식량을 버리고, 무기를 버린다는 공자의 말은 결국 열국의 부국강병책은 춘추시대의 혼란을 극복하는 진정한 대안이 될 수 없다는 공자의 시대인식을 반영한 말이라 할 수 있습니다.

질質과 문文

공자는 예禮에 정통하고 또 이를 매우 중시한 사람입니다. 어린 나이에 혼자 제기祭器를 가지고 놀았다는 이야기도 전해지고, 주례周禮로의 복귀를 정치적 이상으로 삼았으며, 자기를 이기고 예로 돌아가는 것이 곧 인仁이라고 생각했습니다.

예란 위계질서, 공경하고 사양하는 마음, 기쁘고 슬픈 감정이 일정한 방식과 절차를 통해 표현된 것입니다. 예는 형식이고, 그 밑바탕의 위계질서, 마음가짐, 정서가 본질입니다.

공자는 본질과 형식의 갈등을 이해하고 있었고,

'실질이 형식을 압도하면 거칠고, 형식이 실질을 압도하면 겉

치레가 된다. 〈옹야 편〉'

고 말했으며, 형식보다는 내용, 겉치레보다는 거친 것을 따르
겠다고 하였습니다.

공자 당시에는 육친肉親이 죽은 경우를 제외하면 통곡하지 않는
것이 예법이었으나, 공자는 애제자 안연이 죽자 통곡하였고, 통
곡이 지나치다는 제자의 말에 이렇게 대꾸하였습니다.

"통곡이 지나치다고! 이 사람을 위해 통곡하지 않으면 누구를
위해 통곡하겠는가. 〈선진 편〉"

대부 이상은 수레를 타고 다녔는데, 공자는 지인이 상을 당하
자 수레 끄는 말 중에서 한 마리를 떼어서 부의하도록 했습니다.
슬픔과 위로에 충실하기 위해 사소한 예법은 개의치 않았던 것이
고 형식보다는 슬픔에 충실하였던 것입니다.

그랬던 공자가 수레를 팔아서 아들(안회)의 덧관을 마련하자는
아버지 안로의 청을 듣고는,

"재주가 있든 없든 역시 각기 자기 자식을 위하여 말하게 마련
이오. 아들 이(공자의 아들)가 죽었을 때도 관만을 쓰고 덧관은
쓰지 않았소. 내가 걸어 다니면서 까지 수레를 팔아서 덧관을 마

런하지 않겠소이다. 나도 대부의 뒷자리에 있는 자이므로 걸어서 다닐 수는 없소이다. 〈선진 편〉"

하고 냉정하게 거절을 합니다.

주석가들은 부자(골육)의 정 때문에 예를 범하는 것을 공자가 경계한 것이라고 풀이합니다. 어쩌면 평생을 안빈낙도하며 살았던 안회의 유지遺志를 받들고 싶었을 지도 모릅니다. 안회는 "한 그릇의 밥을 먹고 한쪽박의 물을 마시며 누추한 마을에 산다면 사람들은 그 괴로움을 견디지 못하는데 그 즐거움을 고치려 하지 않는 〈옹야 편〉" 그런 사람이었고, 아버지(안로)조차 그런 아들을 이해하지 못하는 것에 비애와 분노를 느꼈는지도 모릅니다.

제자들이 안회를 후하게 장사지내려 할 때도 공자는 역시 반대를 하였고, 그래도 성대하게 장례를 치르자, 이렇게 말하기도 하였습니다.

"회는 나를 아버지같이 대했는데 나는 그를 자식같이 대하지 못했다. 그렇게 된 것은 나 때문이 아니라 너희들 때문이다. 〈선진 편〉"

그러나 애제자의 죽음에 통곡하면서도 장례를 후히 치르자는 말에는 예법을 들어 거절하고, 또 잠시 머물던 사람의 장례에는 말을 떼어 부의를 하니 공자가 말하는 참된 예란 무엇인지 잘 납득되지 않는 것도 사실입니다.

한나라의 왕충은 성인의 말이라고 무조건 옳은 것은 아니고 잘못된 것은 잘못되었고 이상한 것은 이상한 것이라고 말해야 한다고 했습니다.

'옛적에 머물던 집 사람을 조문하는데 말을 떼어 부의해서 눈물만 흘리고 상응하는 예가 없는 것을 싫어했으면서 안연을 곡하기를 애통하게 했으면서도 수레를 청하자 주지 않아서 애통함에 부합되지 않았다. 어찌 눈물과 애통이 다르며 말과 수레가 다르겠는가? 저에 대해서는 예와 감정이 서로 부합되게 했으면서 이에 대해서는 은혜와 의리가 서로 맞지 않으니, 공자가 예를 행하는 뜻을 잘 알지 못하겠다.'

출사에 대하여

벼슬에 나아가는 행위, 이른바 출사出仕에 대한 공자의 생각은 비교적 일관됩니다. '나라에 도가 있으면 벼슬하고 도가 없으면 숨는다'는 것입니다. 그는 안회에게

"쓰이면 행하고 버려지면 숨는 것은 오직 너와 나만이 할 수 있다. 〈술이 편〉"

고 하였고,

"천하에 도가 있으면 모습을 드러내고 도가 없으면 숨는다. 나

라에 도가 있는데도 가난하고 천한 것은 수치이고 나라에 도가 없는데도 부귀하면 수치다. 〈태백 편〉"

고 했습니다. 또 이렇게도 말했습니다.

"군자로다 거백옥은. 나라에 도가 있을 때는 벼슬을 하고, 나라에 도가 없을 때는 거두어 숨을 수 있었으니 〈위영공 편〉"

그런데 원헌이 수치에 대해서 물어보자 공자는 이렇게 말합니다.

"나라에 도가 있어도 녹을 먹고 나라에 도가 없어도 녹을 먹는 것은 수치스런 일이다. 邦有道穀 邦無道穀恥也 방유도곡 방무도곡 치야 〈헌문 편〉"

분명 앞서 한 이야기와 모순되는 것처럼 보입니다.

자연히 여러 가지 해석이 생겨납니다. 출사에 대한 공자의 평소 생각과 조화를 강조하는 사람은 '나라에 도가 있을 때 녹을 먹는 것은 괜찮지만 나라에 도가 없을 때 녹을 먹는 것은 수치'고 해석합니다.

반면 주희는 '나라에 도가 있을 때 뜻 있는 일은 못하고 녹이나 먹는 것도 수치이고 나라에 도가 없을 때 녹을 먹는 것도 수치다'

고 해석합니다. 요컨대 '나라에 도가 있을 때 벼슬하는 것은 괜찮지만 사명감 없이 그저 녹봉이나 바라고 벼슬해서는 안 된다. 그 것은 니리에 도가 없을 때 벼슬하는 것처럼 역시 수치다'라는 것입니다.

나라에 도가 없는데 벼슬하는 것은 그 자체로 녹봉을 위해 벼슬하는 것입니다. 나라에 도가 있어도 사명감 없이 벼슬하는 것 역시 녹봉을 위해 벼슬하는 것입니다. 사명감이나 정의관념 없이 그저 녹봉을 위해 벼슬하는 것이라는 점에서 둘은 차이가 없습니다.

'오로지 녹봉이 목표여서는 안 된다'는 뜻으로 공직자의 바른 자세를 강조한 이야기일 뿐, 출사에 관한 그의 평소 생각과는 모순되지 않는다고 보아야 할 것입니다.

부귀, 빈천

부귀, 빈천에 관한 공자의 다음과 같은 말도 선뜻 납득하기 어렵습니다.

공자가 말씀하였다.
"부와 귀는 사람들이 바라는 바이지만 정당한 방법으로 얻은 것이 아니면 누려서는 안 된다. 빈과 천은 사람들이 싫어하는 것이지만 부당하게 그렇게 되었다 하더라도 벗어나려 해서는 안 된다. 富與貴 是人之所欲也 不以其道得之 不處也 貧與賤 是人之所惡也 不以其道得之 不去也 부여귀 시인지소욕야 불이기도득지 불처야 빈여천 시인지소오야 불이기도득지 불거야 〈이인 편〉"

앞 소절을 이해하는 데는 아무런 문제가 없습니다. 부당한 방법으로 얻은 부귀는 누리려 해서는 안 됩니다. 그러나 부당하게 빈천하게 되었다 하더라도 벗어나려 하지 말아야 한다는 것은 얼른 이해가 가지 않습니다. 빈천은 사람들이 싫어하고 벗어나고 싶어 하는 것인데, 하물며 부당하게 빈천하게 되었는데도 벗어나려고 하지 말아야 한다니요?

그래서 뒤 소절 '不以其道得之불이기도득지'의 '得득'은 '去거'의 오기誤記이고, 따라서 '거去'로 바꿔야 한다고 주장하는 사람이 등장합니다. '정당한 방법으로 빈천을 벗어날(거去) 길이 없으면 벗어나려 하지 말아야 한다'는 것입니다.

반면 전통적 견해를 지지하는 사람들은 빈천을 벗어나는 일에 몰두하면 결국 인을 버리게 되고(거인去仁) 인을 어기게(위인違仁)되기 때문에 '부당하게 빈천하게 되었다 하더라도 벗어나려고 의욕하지 말아야 한다'고 설명합니다. 다급할 때도, 넘어지는 순간에도 인을 생각하고 인에 의지해야 하며(造次必於是 顚沛必於是조차필어시 전패필어시), 오히려 그러한 상황일수록 더욱 인에 머물러야 한다는 것을 공자가 지적한 것이라고 말합니다.

새로운 견해가 인지상정과 정의 관념에 부합한다면 전통적 견해는 안인安仁의 높은 경지를 느끼게 합니다. 짧은 소견으로는 공자의 참 뜻이 어디에 있는지 쉽사리 단정할 수 없습니다.

물과 불에는 기는 있어도 생명은 없고, 풀과 나무는 생명은 있어도 인식기능이
없고, 새와 짐승은 인식기능은 있어도 예의가 없다. 인간에게는 기와 생명과
인식기능도 있고 또한 예의도 있다. 그러므로 세상에서 가장 귀한 존재이다.
인간의 힘은 소보다 약하고 달리기는 말보다 못하지만 소와 말이 인간에게
부림을 당하는 것은 무엇 때문인가. 인간은 사회생활을 하고 소와 말은 그렇지
못하기 때문이다.

《순자》

10장

사람, 하늘, 가르침, 진리, 인생

사람에 대하여

공자는 사람의 본성에 대해 직접적으로 언급하지 않았습니다. 자공도 '선생님께서 사람의 본성이나 천도에 대해서 하시는 말씀은 들을 수 없었다 〈공야장 편〉'고 말한 바 있습니다. 그는 인간의 구체적 실존에 직접 영향을 미치지 못하는 형이상학적 문제나 공리공담에 관심을 두지 않았습니다.

사실 인간의 본성이 선하든 악하든 아니면 백지와 같든 교육과 예절과 법률이 필요하다는 결론은 같습니다. 맹자는 '사람에게 네 가지 단서(측은지심-인, 수오지심-의, 사양지심-예, 시비지심-지)가 있지만 이는 가능성, 잠재력을 의미하므로 그것을 확충擴充하지 못한다면 부모조차 섬기지 못한다'고 하였습니다. 순자는

236

'사람은 본래 소인으로 태어났으므로 스승도 없고 법도 없다면 오직 이익만을 추구하게 된다'고 하였습니다. 고자는 '사람의 본성은 물과 같아서 동쪽으로 터놓으면 동쪽으로 흐르고 서쪽으로 터놓으면 서쪽으로 흐른다'고 하였습니다.

본성을 보는 눈은 다르지만 인위적인 노력, 학습, 규율이 필요하다고 본 것은 같고, 다만 정도의 차이만 있을 뿐입니다. 따라서 인간의 본성을 규명하는 것이 생존에 있어 선결적인 문제이거나 사활적인 요소는 아니라고 할 수 있습니다. 인간의 본성이 끝내 규명되지 못한다 하더라도 어쨌든 인간은 평화롭고 질서 있게 살아가야 합니다.

공자는 사람의 본성이라는 사변적인 문제에 집착하는 대신 오히려 매우 실천적이고 현실적인 견해를 내놓습니다.

"본성은 서로 가깝지만 습관에 의해 서로 멀어진다. 性相近也 習 相遠也 성상근야 습상원야 〈양화 편〉"

'본성이 무엇인지는 모르지만 사람마다 큰 차이는 없다. 그러나 습관에 따라 사람은 하늘과 땅만큼 차이가 난다. 좋은 습관이 그만큼 중요하다. 습관이야말로 그 사람 자체이다'고 말하는 것입니다. 참으로 실질적이고 탁월한 견해가 아닐 수 없습니다.

남의 이야기를 귀 기울여 듣는 '경청'의 습관은 타인에게 신뢰를 주고 인격을 높이며 지식도 넓히는 1석 3조의 효과가 있습니다. 처음에는 사소한 것 같지만 그러한 습관이 쌓이고 쌓이면 종국에는 그렇지 않은 사람과 하늘과 땅 만큼 격차가 발생하게 됩니다. 정조는 '급한 성격과 감정적인 일처리'를 경계하여 '하룻밤을 자고 나서 일을 처리하는(一宿而後 始乃處事일숙이후 시내처사)' 습관을 생활화하였습니다.

그렇다면 공자는 사람의 본성에 대해서는 아무런 견해가 없었던 것일까요?

공자는 교육의 가치를 누구보다 강조한 사람입니다. 그리고 교육은 사람에 대한 신뢰, 인간의 발전가능성에 대한 믿음에서부터 출발합니다. 따라서 공자는 근본적으로 인간의 본성이 선하다고 믿고 이를 신뢰하였다고 할 수 있습니다.

공자의 다음과 같은 말도 이를 뒷받침합니다.

"인이 멀리 있겠는가? 내가 인하고자 하면 곧 인에 이르게 된다. 仁乎遠哉 我欲仁 斯仁至矣인호원재 아욕인 사인지의 〈술이 편〉"

안회와의 대화에서는 이렇게 말하기도 하였습니다.

"인을 행하는 것이 자기에게 달려있지 남에게 달려있겠느냐. 爲仁由己 而由人乎哉위인유기 이유인호재 〈안연 편〉"

인간의 본성에 대한 본격적인 주장은 공자 사후에 비로소 등장합니다. 앞서 본 맹자의 성선설, 순자의 성악설, 고자의 백지설(무선무악설) 등이 그것입니다. 그중에서 맹자가 공자의 적통을 잇고, 공자 버금가는 성인(아성)으로 추존된 것은 여러 이유가 있겠지만 공자를 광의의 성선론자로 보았던 영향도 없지 않았다고 할 것입니다.

하늘에 대하여

공자 이전까지 사람들은 대체로 하늘^天을 인격적, 의지적 존재로 파악하였습니다. 천도^{天道}, 천심^{天心}, 천명^{天命}, 천자^{天子} 등의 개념은 모두 하늘을 의인화하는 발상에서 나온 말입니다. 하늘과 인간이 서로 감응한다는 천인감응설도 하늘이 인간처럼 감정과 의지를 가진 존재라는 것을 전제로 합니다. 서로 동류이기 때문에 공명하고 반응한다는 것입니다.

그러나 인지가 발달하고 사회적·역사적 경험이 축적되면서 인격적 실체로서의 하늘에 대한 의구심이 생겨나게 되었습니다. 몇 번에 걸친 왕조 교체의 경험은 사람들의 생각을 바꾸는 결정적 계기가 되었습니다. 영원할 줄 알았던 왕조가 멸망하고 나라의 주인이 사씨(하나라)에서 자씨(은나라), 다시 희씨(주나라)로 바뀌는 것을 보면서 사람들은 '천자도 교체되는가, 과연 천명이란 존재하는 것인가' 하는 근본적인 의문을 가지게 되었습니다.

이러한 전환기, 과도기에 공자는 당시로서는 자못 파격적인 선언을 했습니다.

"하늘이 무슨 말을 하더냐? 그래도 사계절이 운행되고 만물이 생장하고 있지만 하늘이 무슨 말을 하더냐. 〈양화 편〉"

하늘은 말이 없다는 것입니다. 말이란 생각이나 감정의 표현이니 하늘이 말이 없다는 것은 하늘이 생각과 의지, 감정이 없고, 인격적 존재가 아니라는 것에 다름 아닙니다. 〈자한 편〉에 '공자께서는 …천명…에 대해서는 좀처럼 말씀하지 않으셨다'고 기록되어 있는데, 공자가 천도나 천명에 대해 별 언급이 없었다는 것은 그가 이 문제를 인간의 실존에 직접 영향이 없는 것으로 보았고, 하늘을 감정적, 의지적으로 반응하는 존재로 보지 않았다는 것을 암시합니다. '귀신에 대해서는 말하지 않았다 〈술이 편〉'거나 '귀신을 공경하되 멀리하면 지혜롭다고 할 수 있다 敬鬼神而遠之可謂知矣경귀신이원지 가위지의 〈옹야 편〉'는 말도 같은 맥락입니다.

물론 《논어》에는 인격적 존재로서의 하늘을 표현한 공자의 말이 없지 않습니다. 예를 들면 공자가 송나라에 갔을 때 사마(장군)

환퇴가 공자를 죽이려 하자, 공자는

"하늘이 나에게 덕을 주었는데 환퇴가 나를 어찌하겠는가? 〈술이편〉"

하고 말하는가 하면, 음란한 여자로 소문난 위영공의 부인(남자)을 만나보고는

"내게 그릇된 점이 있다면 하늘이 버릴 것이다. 하늘이 버릴 것이다. 〈옹야 편〉"

고 말하기도 하였습니다. 그러나 이는 공자가 자신의 의지를 드러내거나 행동을 변명하기 위해 하늘을 빗댄 것일 뿐 인격적 실체로서의 하늘 그 자체를 긍정했다고 보기는 어렵습니다.

공자의 기본적 태도는 하늘은 말이 없고, 인간사에 개입하지 않는다는 것이고, 이와 같은 공자의 생각은 제자인 순자에 이르러 '하늘과 사람은 별개다. 자연은 자연법칙에 따라 운행된다'는 과학적 세계관, 천인분리설로 이어집니다.

교육에 대하여

공자는 무엇보다 위대한 교육자였습니다. 공자 문하에는 덕행이 뛰어난 안연·민자건·염백우·중궁과 언변에 뛰어난 재아(여)·자공, 정무에 뛰어난 염유(구)·자(계)로, 학문에 뛰어난 자유, 자하가 있었고(선진 편), 그 밖에도 증삼, 유약, 자장, 번지 등 유·무명의 많은 제자가 있었습니다. 《논어》 자체가 이들 제자들과의 문답집 또는 강론집이라고 할 수 있습니다.

그중 공자로부터 칭찬만 들은 제자가 안회라면 시종 꾸중만 들은 제자는 재아라 할 것인데, 그럼에도 공자는 10대 제자(공문십철)의 하나로 재아를 꼽습니다. 재아 또한 '내가 선생님을 보건대 요순보다 훨씬 현명하시다(以子觀於夫子 賢於堯舜遠矣 이여관어부자 현

^{어요순원의})'고 말합니다. 공자와 재아의 공사구분의 태도, 공정성의 일면을 엿볼 수 있습니다.

공자는 뛰어난 교육자로서 오늘날에도 여전히 귀감이 될 만한 훌륭한 교육철학을 많이 남겼는데 그 첫째가, 위기지학^{爲己之學}입니다. 그는 이렇게 말합니다.

"옛날의 공부하는 사람은 자기를 위해 공부했는데, 지금의 공부하는 사람은 남을 위해 공부한다. 古之學者爲己 今之學者爲人고지학자위기 금지학자위인 〈헌문 편〉"

남을 위한 공부가 아니라 자기를 위한 공부! 언뜻 보면 오해의 소지가 있는 말입니다. 그러나 위인지학이란 남에게 소용되기 위한 실용적인 공부를 말하고 위기지학이란 자기수양, 인격도야, 도의 실천을 위한 공부를 말합니다.

앞서 본 것처럼 사민^{士民}계층은 제후나 대부처럼 자신의 영지가 있는 사람도 아니고 농업이나 상공업에 종사하여 생계를 유지하는 사람도 아니었습니다. 제후나 대부에게 발탁되어 봉록을 받는 것 외에는 달리 호구지책이 없는 존재였고, 따라서 관직에 나아가고 발탁되기 위해 부단히 노력하고 이에 필요한 공부를 하였는데, 그것이 바로 소육예(小六禮), 이른바 소학입니다.

육예란 예^禮, 악^樂, 사^射, 어^御, 서^書, 수^數를 말하는데 요즘 말로하

먼 예법, 음악, 활쏘기, 마차몰기, 글쓰기, 셈하기입니다. 잠깐만 생각해도 매우 실용적인 학문, 남에게 쓰이기 위한 공부라는 것을 알 수 있습니다.

그러한 풍토에서 공자는 위인지학이 아닌 위기지학을 가르쳤습니다. 실용적이고 남에게 소용되는 학문이 아니라 인격을 함양하고 참된 가치관, 인생관을 세우는 공부를 가르친 것입니다. 시경, 서경, 예기, 악경, 주역, 춘추 등이 그것인데 이를 대육예(대학)라 하고, 이를 통해 인격과 능력을 두루 갖춘 인재를 배출하고자 하였던 것입니다.

둘째는 유교무류有敎無類 이른바 차별 없는 교육, 교육에 있어서의 평등이고, 이는 9장의 '교육에는 차별이 없다'에서 이미 살펴본 바 있습니다. 비록 완전한 평등에 이르지는 못했지만 신분의 귀천에 구애됨이 없이 제자를 받고 가르친 것은 당시로서는 매우 위험하고 혁신적인 도전이었습니다.

셋째는 상대에 따른 맞춤형 교육, 인재시교因材施敎입니다. 유명한 자로와 염유에 관한 이야기가 바로 그런 정신을 보여줍니다.

자로가 '들은 것은 곧 실행해야 합니까?'하고 묻자 '부형이 계시는데 어떻게 들은 것을 바로 실행할 수 있겠느냐?'고 답하고, 염유가 같은 말을 묻자 '들은 것은 바로 실행해야 한다'고 답했던 대목입니다. 공서화가 그 까닭을 묻자 공자는,

"구(염유)는 소극적이어서 나아가게 한 것이고, 유(자로)는 용감해서 물러나게 한 것이다. 求也退故進之 由也兼人故退之 구야퇴고진지 유야겸인 고퇴지 〈선진 편〉"

고 대답했습니다.

넷째는 자발성 존중의 교육입니다. 그는 이렇게 말했습니다.

"애쓰지 않으면 가르쳐주지 않으며, 피로워하지 않으면 일깨워주지 않는다. 不憤不啓不悱不發 불분불계 불비불발 〈술이 편〉"

"어떻게 할까 어떻게 할까 말하지 않는 자는 나도 어떻게 할 수가 없다. 〈위영공 편〉"

교육의 목표가 단지 지식의 전달이나 취업에만 있지 않고 전인적 인격의 실현에 있다는 것은 오늘날 의문의 여지가 없습니다. 그런데 그와 같은 교육의 가치를 지금으로부터 약 2,500년 전에 주장하고 실천하였다는 것에 공자의 참다운 위대성의 하나가 있다고 해도 과언은 아니라 할 것입니다.

진리에 대하여

공자는 평생 진리를 추구한 사람입니다. 공자는 그 본업이 학자, 교육자라 할 수 있는데 학문하는 제1의 목적은 바로 진실의 발견, 진리의 추구입니다.

공자가 얼마나 진실에 목말라했는지, 진리의 발견이 얼마나 어려운 일인지는 다음과 같은 공자의 말에서 여실히 드러납니다.

"아침에 도를 들으면 저녁에 죽어도 좋다. 朝聞道 夕死可矣조문도 석사가의 〈이인 편〉"

공자가 이 말을 언제, 누구에게 한 것인지 분명치는 않습니다.

그 때문에 '사물의 궁극적 이치를 깨닫는 일이 어렵다'는 말로 해석하는 사람이 있는가 하면, '공자가 말년에 도가 행해지지 않는 현실을 탄식한 것'이라고 해석하는 사람도 있습니다. 전자는 진리 터득의 측면을, 후자는 진리 실천의 측면을 강조합니다.

공자가 그처럼 찾아 헤맨 진리(도)가 무엇이었는지 단언키는 어렵습니다. 인仁일수도 있고, 서恕일수도 있고, 덕德이나 화이부동和而不同일수도 있습니다. 그것을 무어라 칭하든 공자가 인간의 관계성에 주목한 것은 불변의 사실입니다. 타인을 나와 같은 동질적인 존재로 인정하는 전제 위에서 평화로운 공존의 질서를 찾았습니다. 말 그대로 인仁은 '두二 사람人 사이의 일'입니다. 서恕는 '같은(여如) 마음(심心)'입니다. 애愛는 '주고받는(수受) 마음(심心)'입니다. 사람과 사람이 각기 도리와 본분을 다하고 용서하고 사랑하는 것이 인仁이요, 서恕요, 애愛입니다.

더 중요하고 가치 있는 것은 공자가 진리를 추구하는 방식입니다. 그는 옛 것을 익혀 새 것을 아는 방법, 많이 듣고 많이 보는 방법, 낮은 것을 배워서 높은 것에 이르는 방법으로 진리를 좇았습니다. 온고이지신溫故而知新하였고, 다문다견多聞多見하였으며, 하학상달下學上達하였습니다. 단 번에 깨우치고 끝내는 것이 아니라 점차 깨닫고 닦아서 마침내 앎에 이르는 점오점수의 방법을 택했습니다.

그는 진리를 추구함에 있어 아집이나 선입견, 체면에 얽매이지

248

않았습니다. '천하 일에 대하여 꼭 그래야 한다는 것도 절대 안 된다는 것도 없이 오로지 의義에 따르고자 했'고(이인 편), '사람들이 미워해도 반드시 살펴보고 사람들이 좋아해도 반드시 살펴'보았습니다(위영공 편). 심지어 자신의 말에 늘 순종하고 기뻐하는 안회에 대하여 이렇게 말했습니다.

"회는 나를 도와주는 사람이 아니다. 내가 하는 말에 기뻐하지 않은 것이 없었다. 〈선진 편〉"

반면 남들이 자신의 잘못을 지적하면 좋아하였습니다.

"나는 행복하다. 진실로 잘못이 있으면 남이 반드시 그것을 알게 해주니 丘也幸 苟有過 人必知之 구야행 구유과 인필지지 〈술이 편〉"

특히 진리의 추구에 있어서 집단주의, 당파성의 병폐를 경계하고자 하였습니다. 당黨이라는 말은 그 자체에 부분, 편듦, 치우침이라는 뜻을 내포하고 있습니다. '서로 편들고 잘못을 감춰주는 것을 일컬어 당(相助匿非曰黨상조익비왈당)'이라고 합니다. 공자는

"사람의 잘못은 집단으로부터 비롯된다. 잘못을 보면 그의 인한 정도를 알 수 있다. 人之過也 各於其黨 觀過 斯知仁矣 인지과야 각어기

고 일갈하였습니다.

그는 보고 들어서 아는 것에 만족하지 않고 반드시 실천하고 증명해보았습니다. 입증되지 않은 것에 대해 말하기를 꺼렸습니다. '길에서 듣고 길에서 설파하는 것은 덕을 버리는 짓 道聽而塗說德之棄也도청이도설 덕지기야 〈양화 편〉'이라고 말했습니다.

"하나라의 예는 내가 말할 수 있으나 기나라는 실증하기 부족하고 은나라의 예는 내가 말할 수 있으나 송나라는 실증하기 부족하다. 문헌이 부족한 탓이니 이것이 충분하면 내가 능히 실증할 수 있을 것이다. 〈팔일 편〉"

고 했습니다. '아침에 도를 들으면 저녁에 죽어도 좋다'고 한 것은 낮 동안 실천하고 증명해보려 했기 때문이라고 해석하는 사람도 있습니다.

인생사에 대하여

《논어》가 어떤 성격의 책인지 딱 부러지게 말하기는 어렵습니다. 수양서, 처세서로 보는 사람도 있고 사상서, 철학서로 보는 사람도 있으며, 정치학이나 윤리학의 교과서, 공무원의 지침서라고 말하는 사람도 있습니다.

어쩌면 이 모든 성격이 혼재된 것이 《논어》라고 할 수 있습니다. 공자는 수기안인修己安人에 목표를 두었고, 그 사상적 바탕은 인仁과 서恕였습니다. 따라서 수기에 주안을 두면 수양서, 처세서, 윤리서가 되고, 안인에 주안을 두면 정치학의 교과서가 되며, 충忠과 서恕에 주안을 두면 사상서가 될 수 있습니다.

《논어》의 또 다른 묘미는 인생사에 대한 공자의 깊은 통찰을 보는 것입니다. 마을에 노인 한 명이 있으면 학교나 도서관이 하나 있는 것과 같다는 격언이 있는데, 공자는 당대의 보통 사람들보다 훨씬 장수했고, 사상가, 교육자, 실천가로서 다양한 삶을 살았습니다. '때'와 '풍속'과 '인심'에 정통한 인물(성지시자聖之時者)이며, 그 때문에 《논어》 전편은 가히 인생사의 교과서라고 해도 손색이 없습니다. 밝음과 미혹함에 대한 공자의 생각이 그 중 하나입니다. 자장이 밝음에 대해서 묻자 공자는 말합니다.

"물이 스며들듯이 하는 모함의 말이나 피부를 파고드는 호소에도 동요하지 않는다면 가히 밝다고 할 수 있다. 浸潤之譖膚受之愬不行焉可謂明也已矣침윤지참 부수지소 불행언 가위명야이의 〈안연 편〉"

반대로 어두움, 미혹함에 대해서는 이렇게 말합니다.

"좋아하면 살기를 바라고 미워하면 죽기를 바라는데, 이미 살기를 바라다가 또 죽기를 바라니 이것이 미혹함이다. 愛之欲其生 惡之欲其死旣欲其生 又欲其死 是惑也애지욕기생 오지욕기사 기욕기생 우욕기사 시혹야 〈안연 편〉"

번지가 미혹함에 대해서 묻자 공자는 이렇게 말하기도 합니다.

"한 순간의 분노로 그 자신을 잊고 이로써 부모에게까지 미치

개 한다면 미혹함이 아니겠는가? 一朝之忿忘其身 以及其親 非惑
與 일조지분 망기신 이급기친 비혹여 〈안연 편〉"

은근한 모함의 말이나 절절한 호소에도 냉정을 잃지 않고 반드시 사실여부를 확인하고 행동한다면 비로소 명석하다고 할 만하다는 것입니다. 좋아하기 때문에 미워하고 그 미워함이 지나쳐 죽기를 바라는 것이야말로 본말이 전도된 바보 같은 짓이라고 말합니다. 순간적인 분노 때문에 일을 그르치는 것은 그 자신을 망칠 뿐만 아니라 주변 사람 모두에게도 해를 끼치는 어리석은 행동이라고 합니다. 한 구절 한 구절이 정곡을 찌르는 말이 아닐 수 없습니다. 더불어 공자가 이성에 따른 행동을 밝음으로, 감정에 치우친 행동을 어두움으로 이해하고 있음도 보여주고 있습니다.

세상의 평판이나 근거 없는 비난에 고통 받는 사람들에게 공자의 다음과 같은 말도 커다란 위로가 되기에 충분합니다.

자공이 물었다.
"마을 사람들이 모두 그를 좋아한다면 어떻습니까?"
"아직 안 된다."
"마을 사람들이 모두 그를 미워한다면 어떻습니까?"
공자께서 말씀하였다.
"아직 안 된다. 마을 사람들 중 선한 사람들이 좋아하고, 선하지 않은 사람들이 미워하는 것만 못하다. 〈자로 편〉"

인(仁)이란 활쏘기와 같다. 활 쏘는 사람은 자신을 바로 한 뒤에 쏜다.
쏘아서 과녁에 맞지 않으면 자기를 이긴 사람을 원망하지 않고, 돌이켜
자신에게서 찾을 뿐이다. 仁者如射 射者正己而後發 發而不中 不怨勝己者
反求諸己而已矣인자여사 사자정기이후발 발이부중 불원승기자 반구저기이이의

《맹자》

11장

오롯한 인간의 길,
최후의 지표가 되다

전환점, 그리고 최후

14년에 걸친 고단한 주유천하 끝에 공자는 68세의 노구를 이끌고 고국 노나라로 돌아옵니다. 어진 군주를 만나 인치와 덕치의 세상을 이루고자 했던 현실정치의 꿈을 마침내 접은 것입니다.

그러나 모든 것을 다 포기한 것은 아니었습니다. 어쩌면 더 크고 중요한 일이 그를 기다리고 있었습니다. 신진기예를 제자로 받아들이고 새로이 이들을 가르치게 된 것입니다.

소득 없는 정치인의 삶을 마감하고 교육자로서 여생을 보내려는 생각은 주유천하 중에도 공자의 뇌리를 맴돌았습니다. 〈공야장편〉의 다음과 같은 말은 공자의 그러한 번민을 잘 보여줍니다.

"돌아가야겠다. 돌아가야겠다. 내 고향의 젊은이들은 뜻은 크나 거칠고 단순하며, 겉은 그럴듯하나 일을 재량할 줄 모르는구나."

여기서 '내 고향의 젊은이', '오당지소자吾黨之小子'를 '조국 노나라의 젊은이'가 아니라 '진陳나라 현지에서 공자를 따르던 젊은이'라고 보는 사람도 있습니다. 공자가 진나라 현지의 제자들에게 실망하여 고국으로 돌아갔다는 것입니다. 원문이 '향鄕'이 아니라 '당黨'으로 표기되어 있으니 그렇게 해석할 여지가 없지는 않습니다.

그러나 '당黨'은 무리를 뜻하기도 하지만 마을, 향리의 의미도 갖는 말입니다. '뜻이 크나 거칠고 단순하며, 일을 재량할 줄 모르는 것'은 젊은 세대의 일반적 특징이고, 따라서 이는 교육에 더욱 매진할 이유는 될지언정 교육을 포기할 이유는 될 수 없습니다. 통설처럼 공자가 조국의 젊은이들을 염려해서 귀국하려 하였다고 보는 것이 타당합니다.

정치가 당대의 일이라면 교육은 미래의 일이고, 공자는 자신의 정치적 이상을 포기한 것이 아니라 이를 실현할 더 근원적이고 영속적인 방법을 찾았다고 할 수 있습니다. 그리고 결과적으로 그의 선택은 옳았습니다.

증삼, 유약, 자하, 자유, 자장과 같은 뛰어난 제자들이 그의 문하에서 새롭게 성장한 것입니다. 이들은 초기 제자들과 달리 공자의 명성이 널리 세상에 알려진 뒤에 합류한 사람들로 하나같이 학문과 지식이 뛰어난 수재들이었습니다.

공자 사후에 이들은 유가집단의 중요한 지도자가 되었고, 공자의 가르침이 후대로 전해지고 유가가 더욱 번성하게 된 것은 이들의 능력과 의지에 힘입은 바가 컸습니다. 앞서 본대로 《논어》의 편찬자들도 대체로 이들의 문하로 추정되고 있습니다.

증삼은 중용과 대학의 저자로 알려진 자사(공급)를 가르쳤고, 자사 문하에서 맹자가 등장합니다. 유약은 공자의 후계자로 추대되었고, 자유와 자하는 공자의 10대 제자가 되었으며, 그 중 자하는 나중에 법가의 스승이 됩니다.

만약 그때 공자가 정치에서 교육으로 전환하지 않았다면, 그리하여 주유천하를 계속하다가 어느 노상에서 피로한 생을 마감하고 말았다면 과연 오늘날의 《논어》가, 유학이, 공자가 존재할 수 있었을지 알 수 없는 일입니다.

공자의 마지막

공자의 최후는 평범하지만 한편으론 비장합니다. 아내와 아들이 죽고 사랑하는 제자 안회와 자로마저 세상을 뜬 후 공자는 늙고 병든 몸으로 죽음을 맞이합니다. 《사기》〈공자세가〉는 공자의 마지막을 이렇게 묘사하고 있습니다.

공자가 병이 나자 자공이 뵙기를 청했다. 공자는 마침 지팡이에 의지하여 문 앞을 거닐고 있다가 물었다.

"사야, 너는 왜 이렇게 늦게 왔느냐?"

그러고는 한탄하며 노래를 불렀다.

태산이 무너지는가!

들보와 기둥이 무너지는가!

철인哲人이 시드는가!

그러고는 눈물을 흘렸다. …

그 뒤 이레 만에 세상을 떠났다. 공자의 나이 일흔 셋으로 노나라 애공 16년 4월 기축일에 세상을 떠난 것이다.

맹자는 공자 사후의 황망함과 쓸쓸함도 기록하고 있습니다.

'옛날에 공자께서 돌아가시자 3년이 지난 후 문인들이 모두 짐을 정리해서 장차 고향으로 돌아가려 할 적에, 자공의 처소에 들어가서 읍하고 서로 마주보며 곡했는데 모두가 목이 쉰 후에 돌아갔다. 자공은 스승의 묘가 있는 곳에 다시 가서 여막을 짓고 홀로 3년을 지낸 후에 돌아갔다.'

공자를 절망하게 한 것은 그의 정치적 꿈이 실현되지 못하리라는 예감 때문이었을 것입니다. 그는 주나라 봉건질서를 복원하여 당대의 혼란을 종식하고 평화와 안정을 이룩하려고 하였습니다. 덕치와 예치를 통해 궁극적으로 요·순의 성왕정치, 무위지치를 재현하고자 하였습니다. 군자를 양성하고 인민을 교양하여 수준 높은 문화국가를 만들고자 하였습니다.

그러나 세상은 그의 뜻과는 정반대로 흘러가고 있었습니다. 춘추 각국은 부국강병과 패도정치에 몰두하였고, 전쟁과 민생의 피폐는 더욱 심화되었습니다. 덕치가 아니라 법치가, 조화가 아니라 겸병이, 문화가 아니라 무력이 지배하는 세상이었습니다. 현실에서의 그는 분명 실패했고 좌절했습니다.

그러나 역사적으로 그는 승자가 되었습니다. 제자들을 통해 그의 사상은 길이길이 후세에 전파되었습니다. 참된 인간의 길이 관계성의 발견·확장에 있음을 깨닫고 사랑·양보·용서를 통해 이를 실현하고자 한 그의 생각은 더욱 널리 퍼져갔습니다. 인간의 개선가능성을 신뢰하고 교육과 학문, 문화를 통해 인간의 발전과 사회의 진보를 동시에 이룩하려는 그의 뜻은 지금도 계속되고 있습니다.

오직 인간의 길

공자는 출생에서 사망까지 특별할 것이 없는 보통사람입니다. 사생아로 태어나서 노환으로 사망했습니다. 신비한 능력이나 재주도 없었습니다. 스스로 "남과 다를 것이 없다 吾猶人也오유인야"고 수차 되뇌었습니다(술이 편, 안연 편). 오로지 인간의 길, 인간의 삶을 살았습니다.

제자 염경(백우)이 (나)병에 걸리자 창문 너머로 그의 손을 잡고 이렇게 한탄할 뿐이었습니다.

"끝났구나, 운명인가보다! 이런 사람이 이런 병에 걸리다니, 이런 사람이 이런 병에 걸리다니! 〈옹야 편〉"

그러나 바로 그 짐이야말로 공자의 진정한 가치입니다. 평범한 인간으로 태어나서 스스로의 부단한 노력으로 마침내 온전한 인격으로 나아간 것입니다. 초인의 초인적 성취는 경외롭지만 감동을 줄 수도, 모방할 수도 없습니다. 보통 사람인 우리에게 보통 사람 공자는 모범이자 가능성입니다.

공자 말대로 사람의 '본성은 서로 비슷'합니다. 공자의 비범성은 본성의 비범성이 아니라 습관의 비범성, 노력의 비범성입니다.

공자는 그 누구보다 배우고 묻기를 좋아하는 인물이었습니다. 그 습관과 노력이 오늘의 공자를 만들었습니다. 과거로부터 배우고 세상만물로부터 배우니 깨닫지 못할 이치가 없게 되었습니다. '가깝고 낮은 일상의 일에서 시작하여 멀고 높은 곳에 도달하였습니다(行遠必自邇 登高必自卑행원필자이등고필자비)'. 그는

"나는 날 때부터 알고 있는 사람이 아니고 옛것을 좋아하여 부지런히 그것을 탐구하는 사람이다. 好古敏以求之者也호고민이구지자야 〈술이 편〉"

고 하였습니다. 위나라 공손조가 '공자는 어디에서 배웠느냐'고 묻자 자공은 이렇게 말합니다.

"문왕과 무왕의 도는 아직 땅에 떨어지지 않고 사람에게 있으

므로 현명한 자는 큰 것을 알고 현명하지 못한 자도 작은 것을 알고 있으니 문왕과 무왕의 도를 가지지 않은 자가 없습니다. 선생께서 어찌 배우지 않는 것이 있겠습니까? 그러니 또 어찌 일정한 스승이 있었겠습니까? 〈자장 편〉"

그는 쉬지 않고, 끊임없이 배웠습니다. 천성적으로 배우기를 좋아하였고, 문제를 자기에게서 찾았습니다. 자기의 실력과 인격을 먼저 돌아보았습니다. 돌이켜 자기에게서 찾으니(반구反求) 부족함이 보이고 그러므로 끊임없이 노력하지 않을 수 없었습니다. 그리하여 강가에 서서 공자는 이렇게 말합니다.

"흘러가는 것이 모두 이와 같아서 밤낮을 쉬지 않는구나. 逝者 如斯夫 不舍晝夜서자여사부불사주야 〈자한 편〉"

인재를 구하는 법

《논어》에 대한 찬사는 많습니다. '우주 제일의 책'이라는 사람
도 있고 '매일 곁에 두고 읽어야 한다'고 하는 사람도 있습니다.
'《논어》의 반만으로 천하를 다스릴 수 있다'고 생각하는 사람이
있는가 하면, '거울이 아무리 맑아도 앞모습만 비추지만 《논어》는
전신을 상하, 전후, 좌우에서 다 비쳐준다'고 말하는 사람도 있습
니다.

그러나 《논어》가 만병통치약이 될 수는 없습니다. 공자가 아무
리 위대한 인간이라 하더라도 2,500년 전 공자의 생각이 곧바로
오늘의 문제에 대한 해답이 될 수는 없습니다. 오늘은 더욱 복잡
하고 미묘한 오늘만의 문제가 있고, 그 답은 현재를 사는 우리들

이 찾아야 할 몫입니다.

문제는 언제나 사람이고, 시대의 성패는 인재를 얻느냐 못 얻느냐에 있습니다. 정조의 말처럼 시대는 그 시대의 문제를 해결할 사람을 함께 낳습니다. 다만 구별이 쉽지 않고 다 찾아 쓰지 못할 뿐입니다. 인재를 구별하고 찾아 쓰는 것에 대해 일찍이 공자는 이렇게 말했습니다.

공자가 말씀하였다.

그가 하는 바를 보고, 그 이유를 들여다보고, 편안히 여기는 바를 주의 깊게 살펴보면 사람이 어찌 자신을 숨길 수 있겠는가 사람이 어찌 자신을 숨길 수 있겠는가? 視其所以 觀其所由 察其 所安 人焉廋哉 人焉廋哉 시기소이 관기소유 찰기소안 인언수재 인언수재 〈위정 편〉

'시視'가 보이는 것을 보는 정도라면 '관觀'은 더 깊게 들여다보는 것이고, '찰察'은 그보다 더 주의 깊게 살펴보는 것입니다. 어떤 사람의 행동하는 것을 보고, 그 동기와 이유를 들여다보고, 그가 편안히 여기는 바를 주의 깊게 살펴보면 사람(인재)을 알 수 있다는 말입니다.

널리 인재를 찾아 쓰는 것에 대해서도 공자는 다음과 같이 말합니다.

중궁이 물었다.

"어떻게 어진 인재를 알아서 등용합니까?"

공자가 말씀하였다.

"알고 있는 인재를 등용하라. (그러면) 모르는 사람이라도 사람들이 그를 버려두겠느냐? 〈자로 편〉"

우선 네가 알고 있는 사람 중에서 참된 인재를 등용하라. 그러면 숨은 인재에 대한 천거가 끊이지 않을 것이라고 말합니다.

더 구체적이고 직접적인 언급도 있습니다.

공자가 말씀하였다.

"만약 주공에 못지않은 뛰어난 재능을 가졌다 하더라도 교만하고 인색하다면 나머지는 더 볼 것도 없다. 〈태백 편〉"

주공은 공자가 꿈에서도 뵙기를 바랐던 인물입니다. 그럼에도 공자는 주공과 같은 재능을 가졌더라도 교만하고 인색한 사람이라면 더 볼 것이 없다고 단정적으로 말합니다. 왜 그럴까요? 교만한 사람은 발전이 없고, 인색한 사람은 어진 마음(인仁)이 없기 때문입니다.

《논어》의 참 가치

공자의 참된 가치가 여기에 있습니다. 그는 인간이 본격적으로 사회적 삶을 시작한 시기에 활동했고, 인간의 사회적이고 윤리적인 삶을 고민하고 체계화한 거의 최초의 인물입니다. 수신과 안인이라는 두 가지 가치를 깨닫고 이의 실현을 위해 평생을 노력하였습니다. 따라서 인간이 사회적 동물로서의 생존을 지속하는한, 공자가 가진 문제의식은 여전히 가치가 있고 많은 영감과 깨달음을 줍니다.

그는 오로지 인간의 현세적 삶, 평화롭고 행복한 생존에 주목하였습니다. 종교는 개인의 취향이나 선택일 수 있어도 사회·윤리적 삶은 필수요, 한 순간도 방기할 수 없다는 점을 생각하면 공사 사상의 위대함, 그 실학성과 영속성의 원인을 알 수 있습니다.

오늘도 공자는 우리에게 말합니다.

세상에서 가장 귀한 것은 인간이고, 인간의 현세적 삶이다.
세상은 나와 똑같은 사람들로 이루어져 있고, 서로 존중하고
사랑하여야 한다.
효도와 공손함은 인仁의 근본이다.
사랑의 실천은 가까운데서 먼 곳으로, 작은 것에서 큰 것으로
나아간다.
정치는 덕과 예로써 하는 것이다.
인간의 개선과 사회의 발전은 동시에 추구되어야 한다.
사람은 배움과 예절, 문화예술을 통해 발전한다.
개혁은 평화적이고 질서 있게 이루어져야 한다.
국가와 정치의 존재 이유는 국민의 행복에 있다.
정부는 학식과 덕망을 갖춘 사람들에 의해 운영되어야 한다.
학문의 요체는 문제를 자기에게서 찾는 데 있다.
말과 실천은 일치하여야 한다.
다름과 차이를 인정하고 공존과 조화를 이루어야 한다.
분권과 협치, 연방제가 해법이다.

삶은 의외성의 연속입니다. 당초에 《논어》에 대한 계획은 전혀 없었습니다. 졸저 《법철학소프트》가 서양 쪽 이론에 치우친 감이 있어, 동양의 눈으로 법을 이야기해볼 생각이었고, 자연히 춘추· 전국시대 여러 법가法家들에 주목하였습니다.

그러다가 공자에 발목이 잡혀 여기에 이르게 되었습니다. 법가를 이야기하자면 유가儒家를 빼놓을 수 없고, 그 태두이자 제자백가의 원류라 할 공자를 건너뛸 수가 없었던 것입니다.

사실 공자 이야기가 새로운 것은 아닙니다. 어쩌면 너무 진부한 주제라 할 수도 있습니다. 그러나 '누구나 알고 있지만 아무도 제대로 알고 있지 못한 사람'이 또한 공자입니다. 너무 익숙해서 더 알려고 하지 않고 그러다 보니 오히려 점점 더 낯설게 된 존재가 공자라 할 수 있습니다.

'주제와의 사랑'에 빠지지 않고 가능하면 객관적으로 공자의 삶과 생각을 묘사하려고 하였습니다. 도대체 공자라는 인물이 왜 성인으로 추앙받는 것인지, 그럴만한 가치가 있는 것인지 알아보려 하였습니다. 그 과정에서 공자의 새로운 면모를 발견하고 흥분과 희열을 느끼기도 하였습니다.

책을 마무리 하는 지금 얼마만큼 공자의 진실에 다가갔는지 솔직히 자신할 수 없습니다. 코끼리의 한 쪽 다리를 붙들고 '이것이 코끼리다!'고 떠들어댄 것은 아닌지 불편하기도 합니다. 다만 이 책으로 인해 공자가 더욱 궁금해지고 다시 《논어》를 읽고 싶은 마음이 생긴다면 그것으로 충분하다는 생각입니다.

지난 2년을 공자에 푹 빠져 살았습니다. 그러나 어찌된 일인지 공자는 꿈에서도 나타나지 않았습니다. '고맙다'든지 '어림없다'든지 한마디쯤 기대한 필자로서는 서운한 마음도 없지 않았습니다.

공자가 제게로 오지 않는 이상 제가 공자를 찾아가 봬야 할 것 같습니다. 받아온 술은 들지 않는 분(沽酒不食^{고주불식})인데 반겨주실지 모르겠습니다.

묵묵히 견뎌준 아내와 아이들에게 고맙습니다.

| 참고문헌 |

논어의 발견. 이수태
동자문. 이토 진사이
사기. 사마천. 김원중 옮김
시경. 정상홍 옮김
서경강설. 이기동 역해
맹자. 동양고전연구회 역주
순자. 김학주 옮김
관자. 관중. 신동준 옮김
노자. 진고응
장자. 오강남 풀이
여씨춘추. 여불위. 김근

논어. 도광순 역주
논어강의. 기세춘
대역 논어집주. 주희. 박성규 옮김
논어고금주. 정약용. 이지형 역주
논어. 김학주 역주
공자가어. 이민수 옮김
논어교양강의. 진순신
논어여설. 최술
공자와 논어. 요시카와 고지로
공자, 인간과 신화. H. G. 크릴
공자평전. 천웨이핑
공자전. 시라카와 시즈카
공자평전. 안핑 친
공자인생강의. 바오펑산
공자, 최후의 20년. 왕건문.
논어정독. 부남철
논어 사람을 사랑하는 기술. 이남곡
논어심득. 위단. 임동석 옮김
인생교과서 공자. 신정근, 이기동
공자, 인간의 길을 묻다. 이우재
길 위에서 만난 공자. 임진호 정옥순 편저
콧노래를 부르며 논어의 숲을 걷다. 구레
　도모후사. 이정환 옮김

사서삼경을 읽다. 김경일
2천년을 이어져온 논쟁. 고전연구회
중국통사. 범문란
국사개요. 번수지
강의 나의동양고전 독법. 신영복
담론. 신영복
왕충─한대 유학을 비판한 철학자. 임옥균
백가쟁명. 이중톈
이것이 바로 인문학이다. 이중톈
안자춘추. 임동석 역
염철론. 환관
공자의 천하, 중국을 뒤흔든 자유인 이
　탁오. 신용철
열국지 교양강의. 신동준
이중톈(易中天)중국사. 춘추에서 전국까
　지. 이중톈
제자백가의 귀환 2. 관중과 공자. 강신주
묵자─공자를 딛고 일어선 천민사상가.
　임건순
정조이산어록. 고전연구회 사암, 손인순
선진제자 사상문. 황젠
톨스토이와 동양. 김려춘

272